내 인생 첫 번째 독일어
독일어 기초문법

초판 1쇄 인쇄 2025년 8월 2일
초판 1쇄 발행 2025년 8월 2일

지은이	이로사
발행인	임충배
홍보/마케팅	양경자
편집	김인숙
디자인	서해숙, 김수연
펴낸곳	도서출판 삼육오(Pub.365)
제작	(주)피앤엠123

출판신고 2014년 4월 3일
등록번호 제406-2014-000035호

경기도 파주시 산남로 183-25
TEL 031-946-3196 / FAX 050-4244-9979
홈페이지 www.pub365.co.kr

ISBN 979-11-94543-29-9 03750
© 2025 이로사 & PUB.365

· 저자와 출판사의 허락 없이 내용 일부를 인용하거나 발췌하는 것을 금합니다.
· 저자와의 협의에 의하여 인지는 붙이지 않습니다.
· 가격은 뒤표지에 있습니다.
· 잘못 만들어진 책은 구입처에서 바꾸어 드립니다.

내 인생 　 첫 번째 　 독일어

내첫독

German

저자 이로사

독일어
기초문법

PUB 플우오

머리말

내첫독을 선택하신 여러분께,
안녕하세요! 여러분의 독일어쌤 이로사입니다.
내첫독과 함께 독일어의 첫 여정을 시작하신 여러분을 진심으로 환영합니다.
독일어는 어렵다는 편견이 많죠.
하지만 독일어야말로 글말과 입말, 즉, 문어체와 구어체의 일치율이
매우 높은 언어로서, 학습하기 매우 체계적이고 논리적인 언어입니다.
독일어 문법은 처음 배울 때 낯설기도 하고, 외워야 하는 규칙이
너무 많게 느껴져서 버거워하시는 분들이 많아요.
그런데 우리 생각을 조금 전환해 볼까요?
독일어라는 것은 당연히 한국인인 우리에게 낯선 언어잖아요!
정말 아예 처음 보는 사람을 사귀는 과정이라고 생각해 보는 거예요.
파악해야 할 규칙이 많아서 처음에는 낯설고 긴장도 되지만,
또 그에 상응하는 설렘도 동반되겠죠?
언어를 공부하는 것은 마치 연애를 시작하는 것과도 같은
설렘과 두려움이 있는 것 같아 매력적이라고 생각합니다.
이 아름다운 독일어와 여러분이 잘 만날 수 있도록 제가 주선자가 되어 볼게요! ^^
꼭 알아야 하는 규칙들과 적절한 예문들, 작문할 수 있는 연습문제들로
탄탄하게 구성해 보았으니, 저와 함께 차근차근, 지치지 말고
독일어를 재미있게 공부해 보아요.
여러분의 독일어 공부를 항상 진심으로 응원합니다.
사랑의 인사를 담아

저자 이로사

1 회화에 꼭 필요한 기초 문법만!

처음부터 모든 문법을 다 외우려고 하지 마세요. 이 책은 실제 회화에 꼭 필요한 핵심 문법만을 선별해 입문자도 부담없이 학습할 수 있도록 구성했습니다. 가장 자주 쓰이는 문법만 콕 짚어 알려드립니다. 처음 배우는 독일어, 쉽고 재미있게 시작해보세요!

2 저자가 직접 설명하는 무료 동영상 강의

책만으로는 이해가 잘 안 된다고요? 걱정하지 마세요! 독일어를 시작하기 위한 기초는 저자가 직접 차근차근 설명해 줍니다. 문장의 기본 구조가 정복되었다면, 혼자서도 독일어 문법을 정확하게 익힐 수 있어요.
(본문 내 INTRO QR코드)

3 복습도 완벽하게! 핵심정리 자료 제공

문법 공부, 한 번 보고 끝낼 수는 없죠. 각 단원에서 배운 문법과 표현을 정리한 복습 자료를 무료로 제공합니다. 단어부터 다양한 예문까지, 꼼꼼한 복습으로 공부한 내용을 내 것으로 만들 수 있습니다.
(홈페이지 www.pub365.co.kr에서 다운로드)

학습방법

STEP 1
기초

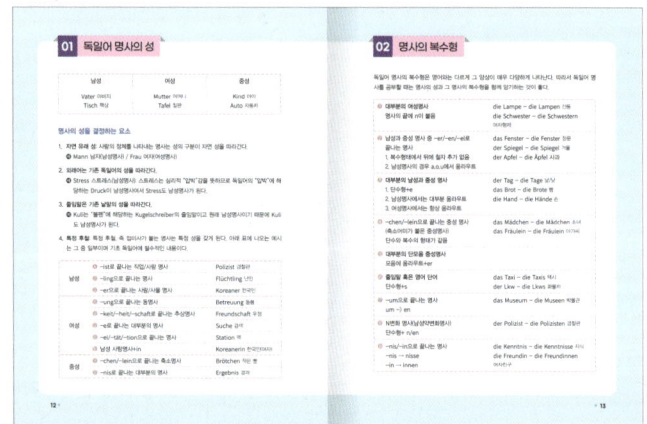

본격적으로 독일어를 배우기 전에 저자의 강의로 명사의 성과 복수형, 문장의 기본 구조와 어순 원리를 쉽고 명확하게 이해할 수 있습니다.

※ 저자 강의 무료 제공

STEP 2
본문

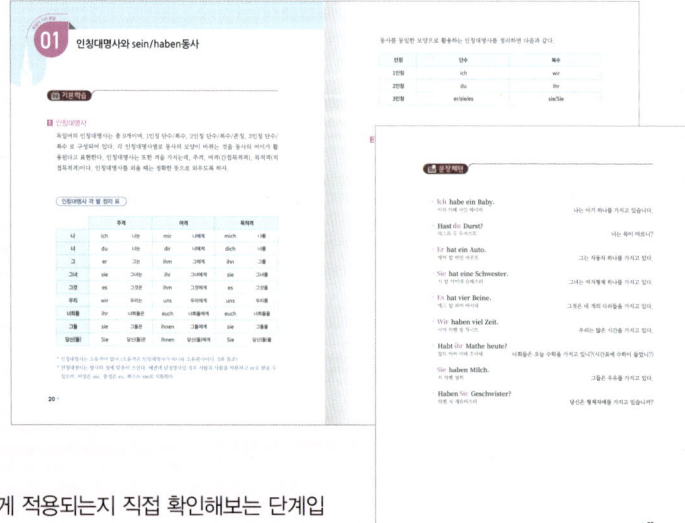

기본 학습

기본 학습에서는 문법 포인트를 확인합니다. 처음부터 무작정 외우기보다는, 왜 그렇게 쓰이는지 원리부터 이해해보세요. 간단한 설명과 함께 예문을 읽으며 독일어 문법의 흐름을 자연스럽게 익혀보세요.

문장 패턴

배운 문법이 실제 문장에서 어떻게 적용되는지 직접 확인해보는 단계입니다. 예문을 소리 내어 읽고, 직접 응용해서 말해보면 더 효과적이에요.

STEP 3
풀어보기

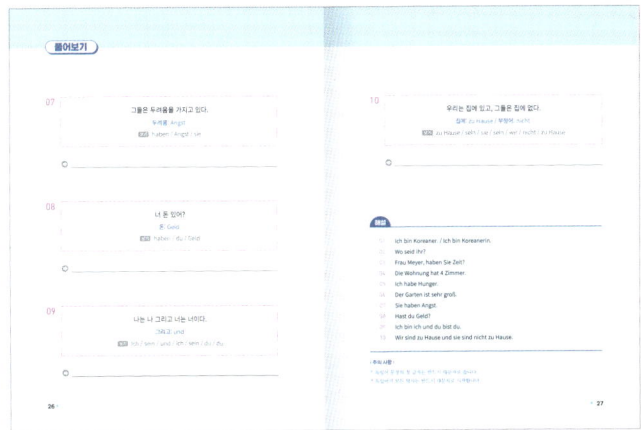

이제는 스스로 확인해볼 시간! 틀려도 괜찮으니 꼭 문제를 풀어보세요. 문제를 풀며 문법을 얼마나 이해했는지 점검하고, 틀린 문제는 다시 기본학습으로 돌아가 보세요. 이 과정을 반복하면서 확실히 내 것으로 만들 수 있습니다.

핵심 문법이 사용된 예문, 어휘까지 정리되어 있어 복습에 딱이에요. 틈틈이 배운 내용을 반복해 보면서 실력을 다져보세요.

문법을 공부했다면, 이제는 말할 차례입니다!
《내첫독 50패턴 독일어 회화》는 일상에서 가장 자주 쓰는 50가지 패턴으로 실제 대화에 바로 쓸 수 있는 회화 실력을 키워주는 책이에요. 하루 한 패턴씩, 부담 없이 회화를 연습해보세요.

목차

INTRO 기초

01	독일어 명사의 성	12
02	명사의 복수형	13
03	문장의 어순 및 구조	14

독일어 문법

01	인칭대명사와 sein/haben 동사	20
02	정관사, 부정관사, 소유관사	28
03	동사의 현재시제 – 규칙동사	40
04	동사의 현재시제 – 불규칙동사	52
05	분리동사	66
06	비분리동사와 분리/비분리 동사	76
07	재귀동사	86
08	형용사의 어미변화	94
09	형용사의 원급, 비교급, 최상급	102
10	전치사	110
11	접속사	122
12	시제: 과거, 현재완료	134
13	시제: 과거완료, 미래, 미래완료	144
14	명령법	152
15	화법조동사	160
16	접속법	170
17	수동태	182
18	수사 및 시간 표현, 시간부사구, 단위명사	192
19	특정 격 혹은 전치사와 결합하는 표현들, 남성약변화 명사	202
20	의문사와 부정대명사	210
21	관계대명사	220

INTRO
기초

01 독일어 명사의 성 — 12
02 명사의 복수형 — 13
03 문장의 어순 및 구조 — 14

01 독일어 명사의 성

남성	여성	중성
Vater 아버지 Tisch 책상	Mutter 어머니 Tafel 칠판	Kind 아이 Auto 자동차

명사의 성을 결정하는 요소

1. **자연 유래 성**: 사람의 정체를 나타내는 명사는 성의 구분이 자연 성을 따라간다.
   예 Mann 남자(남성명사) / Frau 여자(여성명사)

2. **외래어는 기존 독일어의 성을 따라간다.**
   예 Stress 스트레스(남성명사): 스트레스는 심리적 "압박"감을 뜻하므로 독일어의 "압박"에 해당하는 Druck이 남성명사여서 Stress도 남성명사가 된다.

3. **줄임말은 기존 낱말의 성을 따라간다.**
   예 Kuli는 "볼펜"에 해당하는 Kugelschreiber의 줄임말이고 원래 남성명사이기 때문에 Kuli도 남성명사가 된다.

4. **특정 후철**: 특정 후철, 즉 접미사가 붙는 명사는 특정 성을 갖게 된다. 아래 표에 나오는 예시는 그 중 일부이며 기초 독일어에 필수적인 내용이다.

남성	❶ –ist로 끝나는 직업/사람 명사	Polizist 경찰관
	❷ –ling으로 끝나는 명사	Flüchtling 난민
	❸ –er으로 끝나는 사람/사물 명사	Koreaner 한국인
여성	❶ –ung으로 끝나는 동명사	Betreuung 돌봄
	❷ –keit/–heit/–schaft로 끝나는 추상명사	Freundschaft 우정
	❸ –e로 끝나는 대부분의 명사	Suche 검색
	❹ –ei/–tät/–tion으로 끝나는 명사	Station 역
	❺ 남성 사람명사+in	Koreanerin 한국인(여자)
중성	❶ –chen/–lein으로 끝나는 축소명사	Brötchen 작은 빵
	❷ –nis로 끝나는 대부분의 명사	Ergebnis 결과

02 명사의 복수형

독일어 명사의 복수형은 영어와는 다르게 그 양상이 매우 다양하게 나타난다. 따라서 독일어 명사를 공부할 때는 명사의 성과 그 명사의 복수형을 함께 암기하는 것이 좋다.

❶ 대부분의 여성명사 명사의 끝에 n이 붙음	die Lampe – die Lampen 전등 die Schwester – die Schwestern 여자형제
❷ 남성과 중성 명사 중 –er/–en/–el로 끝나는 명사 1. 복수형태에서 뒤에 철자 추가 없음 2. 남성명사의 경우 a,o,u에서 움라우트	das Fenster – die Fenster 창문 der Spiegel – die Spiegel 거울 der Apfel – die Äpfel 사과
❸ 대부분의 남성과 중성 명사 1. 단수형+e 2. 남성명사에서는 대부분 움라우트 3. 여성명사에서는 항상 움라우트	der Tag – die Tage 날/낮 das Brot – die Brote 빵 die Hand – die Hände 손
❹ –chen/–lein으로 끝나는 중성 명사 (축소어미가 붙은 중성명사) 단수와 복수의 형태가 같음	das Mädchen – die Mädchen 소녀 das Fräulein – die Fräulein 아가씨
❺ 대부분의 단모음 중성명사 모음에 움라우트+er	
❻ 줄임말 혹은 영어 단어 단수형+s	das Taxi – die Taxis 택시 der Lkw – die Lkws 화물차
❼ –um으로 끝나는 명사 um –> en	das Museum – die Museen 박물관
❽ N변화 명사(남성약변화명사) 단수형+ n/en	der Polizist – die Polizisten 경찰관
❾ –nis/–in으로 끝나는 명사 –nis → nisse –in → innen	die Kenntnis – die Kenntnisse 지식 die Freundin – die Freundinnen 여자친구

03 문장의 어순 및 구조

독일어는 평서문을 기준으로 문장 구성 성분 중 두 번째 자리에 동사가 위치해야 하며, 나머지 문장성분의 위치는 비교적 자유롭다. 다만 문장에서 인칭대명사가 있을 경우, 인칭대명사는 최대한 동사 가까이에 위치하도록 배치하며, 인칭대명사가 등장하는 순서는 1격 ➜ 4격 ➜ 3격이다.

◻ **평서문:** _____ + 동사 + _____.

다음 문장들은 모두 같은 의미를 가지고 있다. 문장 맨 앞에 강조하고 싶은 내용을 먼저 언급하면 된다. 다만 동사의 위치만 잘 지키면 문법적으로 옳은 문장이 된다.

나는	준다	너에게	그 책을
Ich	gebe	dir	das Buch.
너에게	준다	나는	그 책을
Dir	gebe	ich	das Buch.
그 책을	준다	나는	너에게
Das Buch	gebe	ich	dir.

◻ **의문문: 동사로 시작**

보통 문장에서는 주어가 인칭대명사인 경우가 많기 때문에 의문문을 쉽게 [**동사+주어**]순으로 말하기도 한다. 하지만, 주어가 일반 명사이고 다른 격의 인칭대명사가 등장할 경우 어순은 [**동사+인칭대명사+일반 명사 주어**]가 된다. 인칭대명사는 동사에 최대한 가까이 위치해야 하기 때문이다.

주니	너는	나에게	그 책을
Gibst	du	mir	das Buch?

마음에 드니	너에게	그 집이
Gefällt	dir	das Haus?

☐ 의문사가 있는 의문문: 의문사 + 동사 + 나머지 문장성분

직접 의문문일 경우 의문사로 시작하고 바로 동사가 온다. 간접 의문문일 경우에는 동사를 후치시킨다.

누가	언제	어디서	무엇	어떻게	왜
wer	wann	wo	was	wie	warum

누가	wer
누구의	wessen
누구에게	wem
누구를	wen

왜? 추가표현	wieso weshalb

왜	오다	너는	안
Warum	kommst	du	nicht?

누구를	사랑하니	너는	그렇게나
Wen	liebst	du	so?

◻ 접속사가 이끄는 문장의 어순

1. **등위접속사**: 등위접속사 + _____ + 동사 + _____

   등위접속사는 문장 내에서 자리를 차지하지 않으므로, 다음 문장을 정치(평서문의 순서대로 배치)하면 된다.

그리고	나는	좋아해	고기를
Und	ich	mag	Fleisch.

2. **부사적 접속사**: 부사적 접속사 + 동사 + _____

   부사적 접속사는 부사의 일종이므로 자리를 한 자리 차지한다고 본다. 따라서 바로 다음에 동사가 나온다.

그럼에도 불구하고	먹어	나는	그 어떤 고기도 안
Trotzdem	esse	ich	kein Fleisch.

3. **종속접속사**: 종속접속사 + 주어(인칭대명사) + _____ + 동사 후치

   종속접속사가 이끄는 문장은 종속절이므로 문장의 주절과 명확한 구분을 위해 동사를 후치시킨다.

~라는 것	네가	채식주의자	이다
,dass	du	Vegetarier	bist.

MEMO

독일어
문법

01	인칭대명사와 sein/haben 동사	20
02	정관사, 부정관사, 소유관사	28
03	동사의 현재시제 – 규칙동사	40
04	동사의 현재시제 – 불규칙동사	52
05	분리동사	66
06	비분리동사와 분리/비분리 동사	76
07	재귀동사	86
08	형용사의 어미변화	94
09	형용사의 원급, 비교급, 최상급	102
10	전치사	110
11	접속사	122
12	시제: 과거, 현재완료	134
13	시제: 과거완료, 미래, 미래완료	144
14	명령법	152
15	화법조동사	160
16	접속법	170
17	수동태	182
18	수사 및 시간 표현, 시간부사구, 단위명사	192
19	특정 격 혹은 전치사와 결합하는 표현들, 남성약변화 명사	202
20	의문사와 부정대명사	210
21	관계대명사	220

01 인칭대명사와 sein/haben동사

📘 기본학습

1 인칭대명사

독일어의 인칭대명사는 총 9개이며, 1인칭 단수/복수, 2인칭 단수/복수/존칭, 3인칭 단수/복수 로 구성되어 있다. 각 인칭대명사별로 동사의 모양이 바뀌는 것을 동사의 어미가 활용된다고 표현한다. 인칭대명사는 또한 격을 가지는데, 주격, 여격(간접목적격), 목적격(직접목적격)이다. 인칭대명사를 외울 때는 정확한 뜻으로 외우도록 하자.

인칭대명사 격 별 정리 표

	주격		여격		목적격	
나	ich	나는	mir	나에게	mich	나를
너	du	너는	dir	너에게	dich	너를
그	er	그는	ihm	그에게	ihn	그를
그녀	sie	그녀는	ihr	그녀에게	sie	그녀를
그것	es	그것은	ihm	그것에게	es	그것을
우리	wir	우리는	uns	우리에게	uns	우리를
너희들	ihr	너희들은	euch	너희들에게	euch	너희들을
그들	sie	그들은	ihnen	그들에게	sie	그들을
당신(들)	Sie	당신(들)은	Ihnen	당신(들)에게	Sie	당신(들)을

* 인칭대명사는 소유격이 없다.(소유격은 인칭대명사가 아니라 소유관사이다. 2과 참조)
* 인칭대명사는 명사의 성에 맞추어 쓰인다. 예컨대 남성명사일 경우 사람과 사물을 막론하고 er로 받을 수 있으며, 여성은 sie, 중성은 es, 복수는 sie로 치환한다.

동사를 동일한 모양으로 활용하는 인칭대명사를 정리하면 다음과 같다.

인칭	단수	복수
1인칭	ich	wir
2인칭	du	ihr
3인칭	er/sie/es	sie/Sie

2 sein 동사

sein동사는 영어의 be동사에 해당한다. 뜻은 "~이다(정체)/~에 있다(존재)"이다. 인칭별로 변화가 매우 다채로운 불규칙동사이기 때문에 잘 외워 두도록 하자.

ich	bin	wir	sind
du	bist	ihr	seid
er/sie/es (3인칭 단수)	ist	sie/Sie	sind

예 **Ich bin** Schüler.
이히 빈 쉴러
나는 학생입니다. (초, 중, 고등학생)

Du bist hier.
두 비스트 히어
너는 여기에 있다.

Er ist mein Vater.
에어 이스트 마인 파터
그는 나의 아버지이다.

Sie ist professionell.
지 이스트 프로페시오넬
그녀는 전문적이다.

Es ist kalt heute.
에스 이스트 칼트 호이테
오늘 (날씨가) 춥다.

Wir sind Koreaner.
비어 진트 코레아너
우리는 한국인들이다.

Seid ihr Studenten?
자이트 이어 슈투덴텐
너희들은 대학생이니?

Sind sie Deutsche?
진트 지 더이체

그들은 독일인들입니까?

Sind Sie Japaner?
진트 지 야파너

당신은 일본인입니까?

3 haben 동사

haben동사는 영어의 have동사에 해당한다. 뜻은 "~를 가지고 있다"이다. 한국어에서는 "나는 형이 있다."라고 하는 표현은 사실 "나는 형 하나를 가지고 있다."라는 뜻으로 독작해야 한다. 이 동사 역시 불규칙하기 때문에 형태를 인칭별로 잘 파악하도록 하자.

ich	habe	wir	haben
du	hast	ihr	habt
er/sie/es (3인칭 단수)	hat	sie/Sie	haben

📖 문장패턴

- Ich habe ein Baby.
  이히 하베 아인 베이비

  나는 아기 하나를 가지고 있습니다.

- Hast du Durst?
  하스트 두 두어스트

  너는 목이 마르니?

- Er hat ein Auto.
  에어 핱 아인 아우토

  그는 자동차 하나를 가지고 있다.

- Sie hat eine Schwester.
  지 핱 아이네 슈베스터

  그녀는 여자형제 하나를 가지고 있다.

- Es hat vier Beine.
  에스 핱 피어 바이네

  그것은 네 개의 다리들을 가지고 있다.

- Wir haben viel Zeit.
  비어 하벤 필 차이트

  우리는 많은 시간을 가지고 있다.

- Habt ihr Mathe heute?
  합트 이어 마테 호이테

  너희들은 오늘 수학을 가지고 있니?(시간표에 수학이 들었니?)

- Sie haben Milch.
  지 하벤 밀히

  그들은 우유를 가지고 있다.

- Haben Sie Geschwister?
  하벤 지 게슈비스터

  당신은 형제자매를 가지고 있습니까?

풀어보기

❖ 다음 우리말에 맞게 독일어로 작문해 보세요.

01

나는 한국인입니다.

한국인 남자: Koreaner / 한국인 여자: Koreanerin

보기 Ich / sein / Koreaner / Koreanerin

➡ _____

02

너희들은 어디에 있니?

어디에: Wo

보기 ihr / sein / wo

➡ _____

03

Meyer 부인, 시간이 있으십니까?

시간: Zeit / 부인 호칭: Frau + 성

보기 haben / Frau Meyer / Zeit / Sie

➡ _____

04

그 집은 4개의 방을 가지고 있다.

집: die Wohnung / 방들: Zimmer

보기 Zimmer / haben / die Wohnung

➡ _____

05

나는 배고프다.

배고픔: Hunger

보기 Hunger / haben / ich

➡ _____

06

그 정원은 매우 크다.

정원: der Garten / 큰: groß

보기 sehr groß / sein / der Garten

➡ _____

풀어보기

07

그들은 두려움을 가지고 있다.

두려움: Angst

보기 haben / Angst / sie

➡ _____

08

너 돈 있어?

돈: Geld

보기 haben / du / Geld

➡ _____

09

나는 나 그리고 너는 너이다.

그리고: und

보기 Ich / sein / und / ich / sein / du / du

➡ _____

10 우리는 집에 있고, 그들은 집에 없다.

집에: zu Hause / 부정어: nicht

보기 zu Hause / sein / sie / sein / wir / nicht / zu Hause

➡ _____

해설

01 Ich bin Koreaner. / Ich bin Koreanerin.
02 Wo seid ihr?
03 Frau Meyer, haben Sie Zeit?
04 Die Wohnung hat 4 Zimmer.
05 Ich habe Hunger.
06 Der Garten ist sehr groß.
07 Sie haben Angst.
08 Hast du Geld?
09 Ich bin ich und du bist du.
10 Wir sind zu Hause und sie sind nicht zu Hause.

| 주의 사항 |

* 독일어 문장의 첫 글자는 반드시 대문자로 씁니다.
* 독일어의 모든 명사는 반드시 대문자로 시작합니다.

02 정관사, 부정관사, 소유관사

📖 기본학습

독일어가 어려운 이유는 명사가 복잡하기 때문이다. 모든 명사는 고유의 성을 가진다. 또한 명사들은 문장 내에서 특정 '격'을 갖는다. 격이란 무엇이고 관사란 무엇인지 알아보고, 문장 내에서 올바르게 쓰는 연습을 해보도록 하자.

- 관   사: 명사의 성과 격을 규정하는 역할
- 명사의 성: 독일어 명사는 단수에서 남성, 여성, 중성 중 한 가지 성을 가지며, 복수명사는 하나의 카테고리로 묶인다. 즉, 총 4개의 카테고리가 존재한다고 볼 수 있다.
- 명사의 격: 독일어 명사는 문장 내에서 특정 '격'을 갖는데, 이는 쉽게 말하자면 문장 내에서 명사가 가지는 '자격, 위치'라고 표현할 수 있다. 즉, 그 명사가 주어인지, 목적어인지를 나타내는 것이 격이다. 독일어의 격은 총 4개가 있다. 이는 주격(①격/Nominativ), 소유격(②격/Genitiv), 여격(③격/Dativ), 목적격(④격/Akkusativ)이다.

▶ 주격은 말 그대로 주어의 역할을 한다. 한국어의 "~은/는"의 역할을 한다.
▶ 소유격은 소유관계를 나타내며 "~의"라는 뜻을 가지고 있다.
▶ 여격은 간접 목적격이라고 볼 수 있으며 "~에게"라는 뜻을 가지고 있다.
▶ 목적격은 직접 목적격이라고 볼 수 있으며 "~를"이라는 뜻을 가지고 있다.

1 정관사

- 영어의 the의 역할
- 화자와 청자가 알고 있는 특정 사항을 언급할 때 사용
- 영어와 비교하자면, 영어에서는 '그' 라는 뜻만 가지고 있지만 독일어에서는 "그 ~가/의/에게/를"까지 포함. 즉, 한국어의 조사역할까지 함.

정관사의 종류

	남성	여성	중성	복수
주격	der	die	das	die
소유격	des	der	des	der
여격	dem	der	dem	den
목적격	den	die	das	die

예) der Mann: 그 남자가   vs.   dem Mann: 그 남자에게

명사를 적용한 예

	남성	여성	중성	복수
주격	der Mann 그 남자가	die Frau 그 여자가	das Kind 그 아이가	die Kinder 그 아이들이
소유격	des Mannes* 그 남자의	der Frau 그 여자의	des Kindes* 그 아이의	der Kinder 그 아이들의
여격	dem Mann 그 남자에게	der Frau 그 여자에게	dem Kind 그 아이에게	den Kindern* 그 아이들에게
목적격	den Mann 그 남자를	die Frau 그 여자를	das Kind 그 아이를	die Kinder 그 아이들을

* 남성/중성 명사의 소유격(2격)에서는 명사 자체에 발음에 따라 s나 es가 추가된다.
* 복수명사의 여격(3격)에서는 명사 자체에 n이 추가된다.(단, 복수명사가 s나 n으로 끝날 때는 추가되지 않는다.)

예) Der Mann steht hier.
데어 만 슈테트 히어
그 남자가 여기에 서있다.

Das ist das Auto des Mannes.
다스 이스트 다스 아우토 데스 만네스
이것은 그 남자의 그 자동차이다.
(소유격은 소유관계를 표현하고자 하는 명사 뒤에 위치한다.)

Ich zeige dem Mann das Foto.
이히 차이게 뎀 만 다스 포토
나는 그 남자에게 그 사진을 보여준다.

Die Kinder der Frau spielen jetzt.
디 킨더 데어 프라우 슈필렌 예츠트
그 여자의 그 아이들은 지금 놀고 있다.

2 부정관사

- 영어의 a의 역할
- 특정하지 않은 대상을 언급할 때 사용
- "하나의/한" 이라는 뜻
- 정관사와 마찬가지로 한국어의 조사의 역할까지 함

(부정관사 종류)

	남성	여성	중성	복수
주격	ein	eine	ein	keine
소유격	eines	einer	eines	keiner
여격	einem	einer	einem	keinen
목적격	einen	eine	ein	keine

* 부정관사는 기본적으로 "하나/한"의 뜻을 가지고 있어서 복수명사 앞에는 붙을 수 없다. 하지만 복수 명사를 부정하는 명사 부정의 관사 keine는 부정관사류로 분류되기 때문에 위의 표 형식으로 암기하는 것이 학습에 유리하다.

예) ein Mann: 한 남자가   vs.   einem Mann: 한 남자에게

명사를 적용한 예

	남성	여성	중성	복수
주격	ein Mann 한 남자가	eine Frau 한 여자가	ein Kind 한 아이가	keine Kinder 아이들이 아니다/없다
소유격	eines Mannes* 한 남자의	einer Frau 한 여자의	eines Kindes* 한 아이의	keiner Kinder 아이들의 (것이) 아니다/없다
여격	einem Mann 한 남자에게	einer Frau 한 여자에게	einem Kind 한 아이에게	keinen Kindern* 그 어떤 아이들에게도 아니다/없다
목적격	einen Mann 한 남자를	eine Frau 한 여자를	ein Kind 한 아이를	keine Kinder 그 어떤 아이들도 아니다/없다

예) **Ein** Mann steht hier.
아인 만 슈테트 히어   한 남자가 여기에 서있다.

Er gibt **einer** Frau einen Rock.
에어 깁트 아이너 프라우 아이넨 록   그는 한 여자에게 하나의 치마를 준다.

Sie hat **keine** Kinder.
지 핱 카이네 킨더   그녀는 아이들을 가지고 있지 않다.(아이가 없다.)

Wir haben **ein** Kind, einen Sohn.
비어 하벤 아인 킨트, 아이넨 존   우리는 아이를 하나 가지고 있다, 한 아들을.

Entschuldigung, Herr Probst. Ich habe **eine** Frage.
엔트슐디궁, 헤어 프롭스트. 이히 하베 아이네 프라게
　　　　　실례합니다, Probst 씨, 하나의 질문을 가지고 있습니다.(저는 질문이 하나 있습니다.)

3 명사 부정의 관사 kein

명사를 부정할 때는 kein-의 관사를 명사 앞에 붙여서, 그 명사가 "아니다/없다"의 뜻을 나타낸다. 명사 부정의 관사 kein-은 부정관사류에 포함되어, 부정관사의 어미와 동일하게 활용된다.

명사 부정의 관사 종류

	남성	여성	중성	복수
주격	kein	keine	kein	keine
소유격	keines	keiner	keines	keiner
여격	keinem	keiner	keinem	keinen
목적격	keinen	keine	kein	keine

예 Das ist kein Mann. Das ist eine Frau.
다스 이스트 카인 만. 다스 이스트 아이네 프라우
이는 남자가 아니다. 이는 하나의 여자이다.

Ich habe keinen Sohn.
이히 하베 카이넨 존
나는 아들을 안 가지고 있다.

Er hat keine Frage.
에어 핟 카이네 프라게
그 어떤 질문을 가지고 있지 않다.
(그는 질문이 없다.)

4 소유관사

앞서 1과에서 살펴본 인칭대명사에는 2격의 형태가 존재하지 않는다. "누구의"라는 표현은 뒤에 필연적으로 명사를 수반하므로, 명사의 성과 격을 어미활용을 통해 규정해 주는 일종의 관사에 속하기 때문이다. 소유 관사는 문법적으로 부정관사류로 분류되며, 부정관사의 성과 격 별 어미변화 규칙을 따른다.

소유관사 종류

나의	너의	그의	그녀의	그것의	우리의	너희의	그들의	당신의
mein	dein	sein	ihr	sein	unser	euer	ihr	Ihr

* 위 소유관사 형태는 기본형태이다. 이 소유관사들 뒤에 어떤 명사가 오느냐에 따라 소유관사의 어미가 변화한다.

명사를 적용한 예

	남성	여성	중성	복수
주격	mein Mann 내 남편이	meine Frau 내 부인이	mein Kind 내 아이가	meine Kinder 내 아이들이
소유격	meines Mannes* 내 남편의	meiner Frau 내 부인의	meines Kindes* 내 아이의	meiner Kinder 내 아이들의
여격	meinem Mann 내 남편에게	meiner Frau 내 부인에게	meinem Kind 내 아이에게	meinen Kindern* 내 아이들에게
목적격	meinen Mann 내 남편을	meine Frau 내 부인을	mein Kind 내 아이를	meine Kinder 내 아이들을

* 부정관사 표를 숙지한 후 부정관사의 ein을 소유관사의 기본형으로 바꾸기만 하면 쉽게 표가 완성된다. 복수명사에서는 kein자리에 소유관사의 기본형을 넣으면 된다.

인칭을 응용한 예

	남성	여성	중성	복수
주격	ihr Mann 그녀의 남편이	seine Frau 그의 부인이	unser Kind 우리의 아이가	Ihre Kinder 당신의 아이들이
소유격	ihres Mannes* 그녀의 남편의	seiner Frau 그의 부인의	unseres Kindes* 우리의 아이의	Ihrer Kinder 당신의 아이들의
여격	ihrem Mann 그녀의 남편에게	seiner Frau 그의 부인에게	unserem Kind 우리의 아이에게	Ihren Kindern* 당신의 아이들에게
목적격	ihren Mann 그녀의 남편을	seine Frau 그의 부인을	unser Kind 우리의 아이를	Ihre Kinder 당신의 아이들을

	남성	여성	중성	복수
주격	euer Lehrer 너희의 선생님이	eure Lehrerin 너희의 여선생님이	euer Kind 너희의 아이가	eure Kinder 너희의 아이들이
소유격	eures Lehrers* 너희의 선생님의	eurer Lehrerin 너희의 여선생님의	eures Kindes* 너희의 아이의	eurer Kinder 너희의 아이들의
여격	eurem Mann 너희의 선생님에게	eurer Lehrerin 너희의 여선생님에게	eurem Kind 너희의 아이에게	euren Kindern* 너희의 아이들에게
목적격	euren Mann 너희의 선생님을	eure Lehrerin 너희의 여선생님을	euer Kind 너희의 아이를	eure Kinder 너희의 아이들을

| 주의 사항 | * euer는 뒤에 어미가 붙으면 발음상의 이유로 eur-의 형태로 활용된다.

📝 문장패턴

- **Ich sehe deinen Bruder. (sehen: 보다)**
  이히 제에 다이넨 브루더

  나는 너의 남자형제를 본다.

- **Ihre Töchter sind sehr nett.**
  이어레 퇴히터 진트 제어 넽

  그들의 딸들은 매우 친절하다.

- **Das Haus seines Vaters ist neu.**
  다스 하우스 자이네스 파터스 이스트 노이

  그의 아버지의 그 집은 새것이다.

- **Der Name ihrer Mutter ist Hanne Schmidt.**
  데어 나메 이어러 무터 이스트 한네 슈미트

  그녀의 엄마의 그 이름은 Hanne Schmidt이다.

풀어보기

❖ 다음 우리말에 맞게 독일어로 작문해 보세요.

01

그 집은 아름답다.

집: Wohnung(여성) / 아름다운: schön

➡ _____

02

이것은 하나의 꽃이다, 한 아이의.

꽃: Blume(여성) / 아이: Kind(중성) / 이것: das

➡ _____

03

그는 하나의 볼펜과 하나의 노트를 산다.

볼펜: Kugelschreiber(남성) / 노트: Heft(중성) /
그리고: und / 사다: kaufen ➡ 그가 산다: Er kauft

➡ _____

04

우리는 우리의 집을 가지고 있다.

집: Wohnung(여성)

➡ _____

05

그녀는 하나의 강아지를 가지고 있고,
나는 하나의 고양이를 가지고 있다.

강아지: Hund(남성) / 고양이: Katze(여성) / 그리고: und

➡ _____

06

너는 시간이 없니?

시간: Zeit(여성)

➡ _____

풀어보기

07
나는 나의 아빠를 사랑한다.
내가 사랑하다: Ich liebe / 아빠: Vater(남성)

➡ _____

08
우리의 남자 선생님은 너희의 가방을 가지고 있다.
남자 선생님: Lehrer(남성) / 가방: Tasche(여성)

➡ _____

09
나는 너의 여자형제에게 그의 책상을 준다.
내가 준다: Ich gebe / 여자형제: Schwester(여성) / 책상: Tisch(남성)

➡ _____

10 그것은 우리의 아이들에게는 어렵다.

그것: es / 어렵다: schwer

➡ _____

해설

01 Die Wohnung ist schön.
02 Das ist eine Blume eines Kindes.
03 Er kauft einen Kugelschreiber und ein Heft.
04 Wir haben unsere Wohnung.
05 Sie hat einen Hund und ich habe eine Katze.
06 Hast du keine Zeit?
07 Ich liebe meinen Vater.
08 Unser Lehrer hat eure Tasche.
09 Ich gebe deiner Schwester seinen Tisch.
10 Es ist unseren Kindern schwer.

03 동사의 현재시제 - 규칙동사

기본학습

독일어 동사는 인칭별로 '어미변화'를 한다. 이를 동사의 어미변화라고 일컫기도 하고, '어미활용'이라고 일컫기도 한다. 동사의 원형(부정형:Infinitiv)은 모두 en이나 n으로 끝난다. 이 바로 앞부분까지를 동사의 '어간', 뒤에 변화되는 부분을 '어미'라고 일컫는다. 동사의 인칭별 어미변화는 어간은 그대로 유지하고 어미를 달리하여 활용한다.

1 동사의 어미변화

ich	어간 + e	wir	어간 + en
du	어간 + st	ihr	어간 + t
er/sie/es	어간 + t	sie/Sie	어간 + en

예 machen 하다, 만들다

ich	mache	wir	machen
du	machst	ihr	macht
er/sie/es	macht	sie/Sie	machen

Ich mache Sport.
이히 마헤 슈포어트

나는 운동을 한다.

Machst du auch Sport?
마흐스트 두 아우흐 슈포어트

너도 운동을 하니?

Er macht immer Sport.
에어 마흐트 임머 슈포어트

그는 항상 운동을 한다.

2 대표적인 규칙동사

※다음은 대표적인 규칙동사들이다. 다음 표를 채우며 공부해 보자.

- gehen 가다

ich		wir	
du		ihr	
er/sie/es		sie/Sie	

- spielen 놀다, 연주하다, 경기하다

ich		wir	
du		ihr	
er/sie/es		sie/Sie	

- leben 살다

ich		wir	
du		ihr	
er/sie/es		sie/Sie	

- lernen 공부하다, 배우다

ich		wir	
du		ihr	
er/sie/es		sie/Sie	

- wohnen 거주하다

ich		wir	
du		ihr	
er/sie/es		sie/Sie	

- suchen 찾다

ich		wir	
du		ihr	
er/sie/es		sie/Sie	

- kommen 오다

ich		wir	
du		ihr	
er/sie/es		sie/Sie	

- malen 그리다

ich		wir	
du		ihr	
er/sie/es		sie/Sie	

- hören 듣다

ich		wir	
du		ihr	
er/sie/es		sie/Sie	

- schreiben 쓰다

ich		wir	
du		ihr	
er/sie/es		sie/Sie	

- trinken 마시다

ich		wir	
du		ihr	
er/sie/es		sie/Sie	

- singen 노래하다

ich		wir	
du		ihr	
er/sie/es		sie/Sie	

- sagen 말하다

ich		wir	
du		ihr	
er/sie/es		sie/Sie	

- kaufen 사다

ich		wir	
du		ihr	
er/sie/es		sie/Sie	

- denken 생각하다

ich		wir	
du		ihr	
er/sie/es		sie/Sie	

- lieben 사랑하다

ich		wir	
du		ihr	
er/sie/es		sie/Sie	

- glauben 생각하다, 믿다

ich		wir	
du		ihr	
er/sie/es		sie/Sie	

- lachen 웃다

ich		wir	
du		ihr	
er/sie/es		sie/Sie	

정답 확인: p45

3 불규칙해서가 아니라 발음 때문에 생기는 변화

동사의 어간이 치음으로 끝나면 du에서 어미가 st가 아니라 t만 붙는다.

치음이란 이와 이 사이에서 나오는 소리를 뜻하며, [s/ss/ß/z]이다. 어간이 이와 같은 치음으로 끝나면 du인칭에서는 어미를 t만 붙인다.

예) heißen 이름이 ~라고 불리다

ich	heiße	wir	heißen
du	heißt	ihr	heißt
er/sie/es	heißt	sie/Sie	heißn

※다음 표를 채우며 공부해 보자.

- **tanzen** 춤추다

ich		wir	
du		ihr	
er/sie/es		sie/Sie	

- **sitzen** 앉아있다

ich		wir	
du		ihr	
er/sie/es		sie/Sie	

- **reisen** 여행하다

ich		wir	
du		ihr	
er/sie/es		sie/Sie	

- **hassen** 싫어하다

ich		wir	
du		ihr	
er/sie/es		sie/Sie	

- **putzen** 닦다

ich		wir	
du		ihr	
er/sie/es		sie/Sie	

- **benutzen** 사용하다

ich		wir	
du		ihr	
er/sie/es		sie/Sie	

정답 확인: p46

4 동사의 어간이 [d/t/fn/gn/tm/chn]으로 끝나는 경우

du/er, sie, es/ihr에서 어간과 어미 사이에 e를 추가하여 발음을 정확히 구분한다.

예 arbeiten 일하다, 공부하다

ich	arbeite	wir	arbeitet
du	arbeitest	ihr	arbeitet
er/sie/es	arbeitet	sie/Sie	arbeiten

※다음 표를 채우며 공부해 보자.

- finden 찾다, 발견하다, ~라고 생각하다

ich		wir	
du		ihr	
er/sie/es		sie/Sie	

- atmen 숨쉬다

ich		wir	
du		ihr	
er/sie/es		sie/Sie	

- enden 끝나다

ich		wir	
du		ihr	
er/sie/es		sie/Sie	

- rechnen 계산하다

ich		wir	
du		ihr	
er/sie/es		sie/Sie	

- regnen 비 오다

ich		wir	
du		ihr	
er/sie/es		sie/Sie	

- starten 시작하다, 이륙하다

ich		wir	
du		ihr	
er/sie/es		sie/Sie	

- öffnen 열다

ich		wir	
du		ihr	
er/sie/es		sie/Sie	

정답 확인: p46

정답

2

- gehen 가다
  gehe, gehen, gehst, geht, geht, gehen

- spielen 놀다, 연주하다, 경기하다
  spiele, spielen, spielst, spielt, spielt, spielen

- leben 살다
  lebe, leben, lebst, lebt, lebt, leben

- lernen 공부하다, 배우다
  lerne, lernen, lernst, lernt, lernt, lernen

- wohnen 거주하다
  wohne, wohnen, wohnst, wohnt, wohnt, wohnen

- suchen 찾다
  suche, suchen, suchst, sucht, sucht, suchen

- kommen 오다
  komme, kommen, kommst, kommt, kommt, kommen

- malen 그리다
  male, malen, malst, malt, malt, malen

- hören 듣다
  höre, hören, hörst, hört, hört, hören

- schreiben 쓰다
  schreibe, schreiben, schreibst, schreibt, schreibt, schreiben

- trinken 마시다
  trinke, trinken, trinkst, trinkt, trinkt, trinken

- singen 노래하다
  singe, singen, singst, singt, singt, singen

- sagen 말하다
  sage, sagen, sagst, sagt, sagt, sagen

- kaufen 사다
  kaufe, kaufen, kaufst, kauft, kauft, kaufen

• denken 생각하다	• lieben 사랑하다
denke, denken, denkst, denkt, denkt, denken	liebe, lieben, liebst, liebt, liebt, lieben
• glauben 생각하다, 믿다	• lachen 웃다
glaube, glauben, glaubst, glaubt, glaubt, glauben	lache, lachen, lachst, lacht, lacht, lachen

3

• tanzen 춤추다	• sitzen 앉아있다
tanze, tanzen, tanzt, tanzt, tanzt, tanzen	sitze, sitzen, sitzt, sitzt, sitzt, sitzen
• reisen 여행하다	• hassen 싫어하다
reise, reisen, reist, reist, reist, reisen	hasse, hassen, hasst, hasst, hasst, hassen
• putzen 닦다	• benutzen 사용하다
putze, putzen, putzt, putzt, putzt, putzen	benutze, benutzen, benutzt, benutzt, benutzt, benutzen

4

• finden 찾다, 발견하다, ~라고 생각하다	• atmen 숨쉬다
finde, finden, findest, findet, findet, finden	atme, atmen, atmest, atmet, atmet, atmen
• enden 끝나다	• rechnen 계산하다
ende, enden, endest, endet, endet, enden	rechne, rechnen, rechnest, rechnet, rechnet, rechnen
• regnen 비 오다	• starten 시작하다, 이륙하다
regne, regnen, regnest, regnet, regnet, regnen	starte, starten, startest, startet, startet, starten
• öffnen 열다	
öffne, öffnen, öffnest, öffnet, öffnet, öffnen	

문장패턴

- **Ich spiele Gitarre. Spielst du auch Gitarre?**
  이히 슈필레 기타레. 슈필스트 두 아우흐 기타레   나는 기타를 연주한다. 너도 기타를 연주하니?

- **Der Zug endet hier.**
  데어 축 엔뎉 히어   그 기차는 여기에서 끝납니다(멈춥니다).

- **Putzt du bitte die Toilette?**
  풋츠트 두 비테 디 토일레테   너는 그 화장실을 청소해 주겠니?

- **Es regnet heute.**
  에스 레그넽 호이테   오늘 비가 온다.

- **Er arbeitet bei Siemens.**
  에어 아-바이텥 바이 지멘스   그는 Siemens에서 일합니다.

- **Wie findest du den Rock?**
  비 핀데스트 두 덴 록   너는 그 치마를 어떻게 생각하니?

- **Das Flugzeug startet bald.**
  다스 플룩초익 슈타텥 발트   그 비행기는 곧 이륙한다.

- **Ich hasse Kakerlaken. Hasst du auch sie?**
  이히 하쎄 카킬라켄. 하쓰트 두 아우흐 지   나는 바퀴벌레를 싫어해. 너도 그들을 싫어하니?

- **Tanzt du gut?**
  탄츠트 두 굩   너는 춤을 잘 추니?

풀어보기

❖ 다음 우리말에 맞게 독일어로 작문해 보세요.

01

하나의 고양이가 여기에 앉아 있다.

고양이: Katze(여성) / 여기: hier

➡ _____

02

나는 여행을 자주 가. 너는 여행을 자주 가니?

자주: oft

➡ _____

03

오늘 비가 옵니까?

오늘: heute

➡ _____

04

너는 나를 사랑하니?

사랑하다: lieben

➡ _____

05

그녀는 그를 멋지다고 생각한다.

멋진: toll

➡ _____

06

너희들은 정말 빠르게 계산을 하는구나!

정말: wirklich / 빠르게: schnell

➡ _____

풀어보기

07
> 그녀는 깊게 숨을 쉰다.
> 깊게: tief

➡ _____

08
> 네 이름이 Nana니?
> heißen 동사 사용

➡ _____

09
> 너는 너의 컴퓨터를 어떻게 사용하니?
> 어떻게: wie / 컴퓨터: Computer(남성)

➡ _____

10 우리는 함께 노래한다.

함께: zusammen

➡ _____

해설

01 Eine Katze sitzt hier.
02 Ich reise oft. Reist du oft?
03 Regnet es heute?
04 Liebst du mich?
05 Sie findet ihn toll.
06 Ihr rechnet wirklich schnell!
07 Sie atmet tief.
08 Heißt du Nana?
09 Wie benutzt du deinen Computer?
10 Wir singen zusammen.

04 동사의 현재시제 - 불규칙동사

📖 기본학습

동사는 인칭별로 어미가 변화한다. 이는 불규칙동사에서도 적용되는 규칙이다. 불규칙동사의 규정은 동사의 어간에 변화가 생기는 것을 의미한다. 불규칙동사 군에는 강변화동사와 불규칙동사가 포함되는데, 강변화동사는 동사 어간의 '모음'에 변화가 생기는 동사를, 불규칙동사는 어간의 '자음'에도 변화가 생기거나 특정 어미 규칙을 따르지 않는 동사를 일컫는다.

1 강변화동사

강변화동사는 동사의 어간의 모음이 단수 인칭에서 변화하는 현상을 보이는 동사를 일컫는다. 어간의 모음이 변화는 규칙은 세 가지로, ① a → ä ② e → ie/i ③ o → ö 로 정리할 수 있다.

규칙① a → ä

📌 fahren (차나 기차 등을 타고) 가다, 운전하다

ich	fahre	wir	fahren
du	fährst	ihr	fahrt
er/sie/es	fährt	sie/Sie	fahren

Ich fahre heute nach Busan.
이히 파레 호이테 나흐 부산

오늘 나는 부산으로 (차나 기차를 타고) 간다.

Fährst du auch nach Busan?
페어스트 두 아우흐 나흐 부산

너도 부산으로 (차나 기차를 타고) 가니?

Er fährt kein Auto. Er hat keinen Führerschein.
에어 페어트 카인 아우토. 에어 핱 카이넨 퓨러샤인
그는 자동차를 운전하지 못한다. 그는 면허증을 가지고 있지 않다.

※다음 표를 채우며 공부해 보자.

- laufen 뛰다, 달리다

ich		wir	
du		ihr	
er/sie/es		sie/Sie	

- tragen 나르다, 입고 있다

ich		wir	
du		ihr	
er/sie/es		sie/Sie	

- fangen 잡다

ich		wir	
du		ihr	
er/sie/es		sie/Sie	

- waschen 씻기다

ich		wir	
du		ihr	
er/sie/es		sie/Sie	

- fallen 떨어지다

ich		wir	
du		ihr	
er/sie/es		sie/Sie	

- wachsen 자라다

ich		wir	
du		ihr	
er/sie/es		sie/Sie	

- schlafen 자다

ich		wir	
du		ihr	
er/sie/es		sie/Sie	

- gefallen 마음에 들다

ich		wir	
du		ihr	
er/sie/es		sie/Sie	

- lassen ~하게 두다

ich		wir	
du		ihr	
er/sie/es		sie/Sie	

정답 확인: p59

주의해야 할 동사

※동사의 어간이 d/t로 끝나도 강변화동사에서는 어미에 e가 추가되지 않는다!
(du/er,sie,es에 해당)

예 laden 짐을 싣다

ich	lade	wir	laden
du	lädst	ihr	ladet
er/sie/es	lädt	sie/Sie	laden

※다음 표를 채우며 공부해 보자.

- halten 멈추다, 잡고 있다

ich		wir	
du		ihr	
er/sie/es		sie/Sie	

- raten 충고하다, 추측하다

ich		wir	
du		ihr	
er/sie/es		sie/Sie	

정답 확인: p59

규칙② e → i/ie

어간의 모음 e가 장음일 때 대부분 ie로, 단음일 때 대부분 i로 변화한다. 하지만 이것은 어디까지나 경향성이므로, 100% 적용되는 것은 아니다.

예 lesen 읽다

ich	lese	wir	lesen
du	liest	ihr	lest
er/sie/es	liest	sie/Sie	lesen

예 essen 먹다

ich	esse	wir	essen
du	isst	ihr	esst
er/sie/es	isst	sie/Sie	essen

예 geben 주다 (어간의 e가 장음임에도 불구하고 i로 변하는 경우)

ich	gebe	wir	geben
du	gibst	ihr	gebt
er/sie/es	gibt	sie/Sie	geben

※다음 표를 채우며 공부해 보자. (e → i)

- helfen 도움을 주다

ich		wir	
du		ihr	
er/sie/es		sie/Sie	

- vergessen 잊어버리다

ich		wir	
du		ihr	
er/sie/es		sie/Sie	

- sprechen 말하다, 언어를 구사하다

ich		wir	
du		ihr	
er/sie/es		sie/Sie	

- messen 측정하다

ich		wir	
du		ihr	
er/sie/es		sie/Sie	

- treffen 만나다

ich		wir	
du		ihr	
er/sie/es		sie/Sie	

정답 확인: p59

※다음 표를 채우며 공부해 보자. (e ➡ ie)

- sehen 보다

ich		wir	
du		ihr	
er/sie/es		sie/Sie	

- stehlen 훔치다

ich		wir	
du		ihr	
er/sie/es		sie/Sie	

- empfehlen 추천하다

ich		wir	
du		ihr	
er/sie/es		sie/Sie	

- geschehen (어떤 일이) 일어나다, 발생하다

ich		wir	
du		ihr	
er/sie/es		sie/Sie	

정답 확인: p59

* 원칙적으로 모든 독일어의 동사는 인칭별 변화 형태가 존재하나, geschehen과 같은 동사는 의미상 주어가 사람이 될 수 없다. 형태만 익혀 두고 쓸 때는 주어를 3인칭 단수로만 쓰도록 하자.

규칙③ o → ö

이 군에 속하는 동사는 하나이므로 쉽게 암기할 수 있다.

예 stoßen 찌르다

ich	stoße	wir	stoßen
du	stößt	ihr	stoßt
er/sie/es	stößt	sie/Sie	stoßen

2 불규칙동사

불규칙동사는 어간의 모양이 강변화동사와는 달리 예측 불가능하게 변하거나 어미의 규칙을 따르지 않는 동사들을 일컫는다. 불규칙동사의 개수는 절대적으로 적으므로 이 기회에 완전히 숙지하면 독일어 실력 향상에 큰 도움이 될 것이다.

예 wissen (~가 ~라는 것을) 알다

ich	weiß	wir	wissen
du	weißt	ihr	wisst
er/sie/es	weiß	sie/Sie	wissen

Er ist Deutscher! Weißt du?   그는 독일인이야! 너 아니?

예 treten 밟다, 걷다, 들어가다

ich	trete	wir	treten
du	trittst	ihr	tretet
er/sie/es	tritt	sie/Sie	treten

Sie tritt in das Zimmer.   그녀는 그 방 안으로 들어간다.

◎ nehem 취하다, 가져가다, 어떤 메뉴를 취하다 (영어의 take)

ich	nehme	wir	nehmen
du	nimmst	ihr	nehmt
er/sie/es	nimmt	sie/Sie	nehmen

Ich nehme einen Espresso. Und du? Was nimmst du?

나는 에스프레소 하나를 먹을래. 그리고 너는? 너는 뭘 먹을래?

◎ werden 되다

ich	werde	wir	werden
du	wirst	ihr	werdet
er/sie/es	wird	sie/Sie	werden

Eine Raupe wird ein Schmetterling.   하나의 애벌레가 하나의 나비가 된다.

정답

규칙①

- **laufen** 뛰다, 달리다
  laufe, laufen, läufst, lauft, läuft, laufen

- **fangen** 잡다
  fangen, fangen, fängst, fangt, fängt, fangen

- **fallen** 떨어지다
  falle, fallen, fällst, fallt, fällt, fallen

- **schlafen** 자다
  schlafe, schlafen, schläfst, schlaft, schläft, schlafen

- **lassen** ~하게 두다
  lasse, lassen. lässt, lasst, lässt, lassen

- **tragen** 나르다, 입고 있다
  trage, tragen, trägst, tragt, trägt, tragen

- **waschen** 씻기다
  wasche, waschen, wäschst, wascht, wäscht, waschen

- **wachsen** 자라다
  wachse, wachsen, wächst, wachst, wächst, wachsen

- **gefallen** 마음에 들다
  gefalle, gefallen, gefällst, gefallt, gefällt, gefallen

주의해야 할 동사

- **halten** 멈추다, 잡고 있다
  halten, halten, hältst, haltet, hält, halten

- **raten** 충고하다, 추측하다
  raten, raten, rätst, ratet, rät, raten

규칙②

- **helfen** 도움을 주다
  helfe, helfen, hilfst, helft, hilft, helfen

- **sprechen** 말하다, 언어를 구사하다
  spreche, sprechen, sprichst, sprecht, spricht, sprechen

- **treffen** 만나다
  treffe, treffen, triffst, trefft, trifft, treffen

- **vergessen** 잊어버리다
  vergessen, vergessen, vergisst, vergesst, vergisst, vergessen

- **messen** 측정하다
  messe, messen, misst, messt, misst, messen

• sehen 보다 sehe, sehen, siehst, seht, sieht, sehen	• stehlen 훔치다 stehle, stehlen, stiehlst, stehlt, stiehlt, stehlen
• empfehlen 추천하다 empfehle, empfehlen, empfiehlst, empfehlt, empfiehlt, empfehlen	• geschehen (어떤 일이) 일어나다, 발생하다 geschehe, geschehen, geschiehst, gescheht, geschieht, geschehen

문장패턴

- Wann treffen wir uns morgen?
  반 트레펜 비어 운스 모어겐

  우리 내일 언제 만나?

- Vielen Dank, Frau Lee! - Gern geschehen!
  필렌 당크 프라우 리, 게언 게셰엔

  감사합니다, Lee 선생님! 기꺼이 일어난 일인데요!(천만에요)

- Du vergisst immer alles!
  두 페어기스트 임머 알레스

  너는 항상 모든 것을 잊어버린다!

- Das Hemd gefällt mir!
  다스 헴트 게팰트 미어

  그 셔츠가 나에게 마음에 든다!

- Ich danke dir. Du hilfst mir immer so gerne.
  이히 당케 디어. 두 힐프스트 미어 임머 조 게아네

  나는 너에게 감사해. 너는 항상 나에게 그렇게나 기꺼이 도움을 주는구나.

- Oje, es regnet. - Siehst du? Ich weiß es schon lage!
  오예, 에스 레그넽. - 지스트 두? 이히 바이스 에스 숀 랑에

  아이고, 비가 오네. 봤지? 난 그것을 이미 오래 알고 있어.

- Du sprichst aber gut Deutsch!
  두 슈프리히스트 아버 굳 도이치

  너는 그런데 독일어를 잘 말하는구나!

- Mein Bruder spricht auch sehr gut !
  마인 브루더 슈프리히트 아우흐 제어 굳 도이치

  나의 남자형제도 독일어를 아주 잘 말해요!

풀어보기

❖ 다음 우리말에 맞게 독일어로 작문해 보세요.

01

그녀는 선생님이 된다.

여선생님: Lehrerin

➡ _____

02

나는 약을 먹는다.

약을 취하다, 약: Medikamente(복수)

➡ _____

03

나의 엄마는 지금 책 한 권을 읽는다.

책: Buch(중성) / 지금: jetzt

➡ _____

04

그 어부가 물고기를 잡는다.

어부: Fischer(남성) / 물고기: Fische

➡ _____

05

나의 남자친구는 가끔 나를 고요함 속에 놔둔다.

건드리지 않는다, 고요함 속에: in Ruhe / 가끔: manchmal

➡ _____

06

그의 아이는 많이 먹는다.

많이: viel

➡ _____

풀어보기

07 너는 나에게 무엇을 추천하니?

➡ _____

08 그녀의 엄마는 그녀에게 하나의 선물을 준다.
선물: Geschenk(중성)

➡ _____

09 그 남자는 매일 그의 자동차를 씻는다
매일: jeden Tag

➡ _____

10

너는 나를 보니?

◉ _____

해설

01 Sie wird Lehrerin.
02 Ich nehme Medikamente.
03 Meine Mutter liest jetzt ein Buch.
04 Der Fischer fängt Fische.
05 Mein Freund lässt mich manchmal in Ruhe.
06 Sein Kind isst viel.
07 Was empfiehlst du mir?
08 Ihre Mutter gibt ihr ein Geschenk.
09 Der Mann wäscht jeden Tag sein Auto.
10 Siehst du mich?

| 주의 사항 |

* 인칭대명사는 가능한 동사 가까이에 위치시킵니다.
* 문장 구성 성분 순서는 "시원(한)방목장"을 기억하세요! (시간-)원인-)방법-)목적어-)장소 순서로 써야 자연스럽습니다.)

05 분리동사

기본학습

독일어의 동사는 동사 앞에 붙는 접두어(이는 앞으로 '전철'이라 일컫는다)를 통해 뜻이 매우 다양하게 확장된다. 이 접두어에는 문장에서 분리되는 분리전철과 분리되지 않는 비분리전철이 있다. 여기에서는 분리전철이 붙어 뜻을 확장시키는 분리동사에 대해 다루도록 한다.

1 분리동사 개요

분리동사는 동사 앞에 전치사, 형용사, 부사, 동사, 명사 등이 붙어서 뜻을 확장시키는 동사이다. 뜻은 대부분 1+1 형태로 이루어지지만 모두 다 그런 것은 아니므로 동사별로 적절하게 학습할 필요가 있다. 분리동사는 문장에서 말 그대로 분리되어 전철이 문장 맨 뒤로 간다. 이를 '분리전철이 후치된다'고 한다.

- fern (원격으로) + sehen (보다) = fernsehen (TV보다)
  Ich sehe fern. 나는 TV를 본다.

2 분리전철의 종류와 뜻

전치사 분리전철

분리전철의 대다수는 전치사에서 왔다. 전치사의 본래 뜻과 느낌을 알고 있으면 분리동사를 학습할 때 도움이 된다.

- ab ~부터 (똑 떨어져 나가는 느낌)
  ab + sagen (말하다) = absagen 거절하다
  ab + fahren (타고 가다) = abfahren 출발하다

- aus ~로부터 (밖으로 나가는 느낌)
    aus + gehen (가다) = ausgehen 외출하다
    aus + geben (주다) = ausgeben 지출하다

- an ~곁에 (착! 붙어 있는 느낌)
    an + kommen (오다) = ankommen 도착하다
    an + ziehen (잡아 당기다) = anziehen 옷을 입히다

- auf ~위로 (위쪽으로 이동하는 느낌)
    auf + stehen (일어나다) = aufstehen 기상하다
    auf + machen (하다, 만들다) = aufmachen 열다

- bei ~근처에서 (곁에 있는 느낌)
    bei + tragen (짊어지다, 나르다) = beitragen 기여하다
    bei + bringen (가져오다) = beibringen 가르치다

- mit 함께 (영어의 with)
    mit + kommen (오다) = mitkommen 함께 오다
    mit + fahren (가다) = mitfahren 함께 가다

- nach ~로, ~을 따라서, ~후에
    nach + kommen (오다) = nachkommen 따라오다
    nach + sehen (보다) = nachsehen 살펴보다

- zu ~로, ~을 향하여 (좇는 느낌)
    zu + sehen (보다) = zusehen 눈으로 좇아 보다
    zu + hören (듣다) = zuhören 경청하다

부사 분리전철

동사에 부사 의미가 추가되는 경우가 많다.

- ein 안으로
    ein + kommen (오다) = einkommen 안으로 들어오다
    ein + steigen (오르다) = einsteigen (차 등에) 올라 타다

ein+ kaufen (사다) = einkaufen 장보다, 쇼핑하다

- her ~로부터 (hin ~로)
  her + stellen (세우다) = herstellen 생산하다
  her + kommen (오다) = herkommen ~로부터 오다
  hin + fahren (가다) = hinfahren ~로 가다

- vorbei ~을 지나서
  vorbei + kommen (오다) = vorbeikommen 들르다
  vorbei + gehen (가다) = vorbeigehen 지나가다

- zusammen 함께
  zusammen + arbeiten (일하다) = zusammenarbeiten 함께 일하다
  zusammen + fassen (담다, 잡다) = zusammenfassen 요약하다

- zurück 되돌아서
  zurück + kommen (오다) = zurückkommen 돌아오다
  zurück + geben (주다) = zurückgeben 돌려주다

형용사 분리전철

동사에 형용사 의미가 추가되는 경우가 많다.

- frei 자유로운, 빈
  frei + halten (유지하다) = freihalten 비워두다
  frei + lassen (두다, 놓다) = freilassen 풀어주다, 석방하다

- weh 아픈
  weh + tun (하다) = wehtun 아프게 하다, 통증이 있다

> 명사 분리전철

동사에 명사의 의미가 추가된다.

- Recht 권리
  Recht + haben (가지다) = Rechthaben (주어)의 말이 맞다

3 분리동사를 활용한 예시 문장

- absagen 거절하다
  예) Ich sage deinen Vorschlag ab.   나는 너의 제안을 거절한다.

- abfahren 출발하다
  예) Wann fährst du morgen ab?   너는 내일 언제 출발하니?

- ausgehen 외출하다
  예) Heute Abend gehen wir alle aus.   오늘 저녁에 우리는 모두 외출한다.

- ausgeben 지출하다
  예) Wie viel Geld gibst du monatlich aus?   얼마나 많은 돈을 너는 매달 지출하니?

- ankommen 도착하다
  예) Peter kommt um 10 Uhr an.   Peter는 10시에 도착한다.

- anziehen 옷을 입히다
  예) Die Mutter zieht ihr Kind an.   그 엄마는 그녀의 아이의 옷을 입힌다.

- aufstehen 기상하다
  예) Wann stehst du auf?   너는 언제 일어나니?

- aufmachen 열다
  예) Meine Mutter macht das Fenster auf.   나의 엄마는 그 창문을 연다.

- beitragen 기여하다
  예) Die Studenten tragen zum Umweltschutz bei.
       그 대학생들은 환경보호에 기여한다.

- beibringen 가르치다
  - 예 Sie bringt mir Deutsch bei.   그녀는 나에게 독일어를 가르쳐준다.
- mitkommen 함께 오다
  - 예 Kommt Klara auch mit?   Klara도 같이 오니?
- mitfahren 함께 가다
  - 예 Wir fahren alle zusammen nach Berlin mit.   우리는 모두 함께 베를린으로 간다.
- nachkommen 따라오다
  - 예 Eine Frau kommt mir nach.   한 여자가 나를 따라온다.
- nachsehen 살펴보다
  - 예 Ich sehe mal nach.   내가 한번 살펴볼게.
- zusehen 눈으로 좇아 보다
  - 예 Er sieht den Kindern zu.   그는 그 아이들을 쳐다본다.
- zuhören 경청하다
  - 예 Die Kinder hören dem Lehrer zu.   그 아이들은 그 선생님의 말씀을 경청한다.
- einkommen 안으로 들어오다
  - 예 Der Hund kommt ins Zimmer ein.   그 강아지는 방 안으로 들어온다.
- einsteigen (차 등에) 올라 타다
  - 예 Wir steigen in die U-Bahn ein.   우리는 그 지하철에 탄다.
- einkaufen 장보다, 쇼핑하다
  - 예 Meine Mutter kauft im Supermarkt ein.   나의 엄마는 마트에서 장본다.
- herstellen 생산하다
  - 예 Die Firma stellt viele Produkte her.   그 회사는 많은 상품들을 생산한다.
- herkommen ~로부터 오다
  - 예 Er kommt aus der Schule her.   그는 학교로부터 오고 있다.

- hinfahren ~로 가다
    - 예 Mit dem Auto fährt man überall hin. 자동차로 사람들은 모든 곳을 갈 수 있다.
- vorbeikommen 들르다
    - 예 Sie kommt heute kurz vorbei. 그녀는 오늘 잠시 들른다.
- vorbeigehen 지나가다
    - 예 Wir gehen an der Kirche vorbei. 우리는 그 교회 곁을 지나간다.
- zusammenarbeiten 함께 일하다
    - 예 Wir arbeiten jetzt zusammen. 우리는 지금 함께 일한다.
- zusammenfassen 요약하다
    - 예 Wir fassen den Inhalt zusammen. 우리는 그 내용을 요약한다.
- zurückkommen 돌아오다
    - 예 Wann kommst du zurück? 너는 언제 돌아오니?
- zurückgeben 돌려주다
    - 예 Ich gebe dir das Geld zurück. 내가 너에게 그 돈을 돌려 줄게.
- freihalten 비워 두다
    - 예 Ich halte hier für das Auto frei. 나는 여기를 그 자동차를 위해 비워 둔다.
- freilassen 풀어주다, 석방하다
    - 예 Er lässt den Vogel frei. 그는 그 새를 놓아 준다.
- wehtun 아프게 하다, 통증이 있다
    - 예 Mein Kopf tut weh. 나의 머리가 아프다.
- Rechthaben (주어)의 말이 맞다
    - 예 Du hast Recht. 너의 말이 맞아.

풀어보기

❖ 다음 우리말에 맞게 독일어로 작문해 보세요.

01

너는 그 창문을 여니?

창문: das Fenster

➡ _____

02

오늘 나는 식료품을 장 본다.

식료품: Lebensmittel

➡ _____

03

그는 오늘 매우 일찍 일어난다.

일찍: früh

➡ _____

04 | 너는 나에게 이 책을 늦어도 내일까지 돌려준다.
늦어도: spätestens / 내일까지: bis morgen

▶ _____

05 | 당신의 말이 맞아요.

▶ _____

06 | 어디에서 당신은 탑니까?

▶ _____

풀어보기

07

Anja도 같이 오니?

➡ _____

08

너는 무엇을 즐겨 입니?

즐겨: gern

➡ _____

09

나는 매달 100 유로를 지출한다.

매달: monatlich

➡ _____

10

> 그는 나의 제안을 거절한다.
>
> 제안: der Vorschlag

➡ _____

해설

01   Machst du das Fenster auf?
02   Heute kaufe ich Lebensmittel ein. | Ich kaufe heute Lebensmittel ein.
03   Er steht heute sehr früh auf.
04   Du gibst mir das Buch spätestens bis morgen zurück.
05   Sie haben Recht.
06   Wo steigen Sie ein?
07   Kommt Anja auch mit?
08   Was ziehst du gern an?
09   Ich gebe monatlich 100 Euro aus.
10   Er sagt meinen Vorschlag ab.

06 비분리동사와 분리/비분리 동사

기본학습

비분리동사란 동사에 비분리전철이 결합되어 또 다른 하나의 새로운 뜻을 만들어내는 동사를 일컫는다. 절대 분리되지 않는 전철은 총 8개가 있으며, 분리가 될 때와 되지 않을 때 의미 차이를 갖는 전철 역시 존재한다.

1 비분리전철

비분리전철은 총 8개가 있다. 각 전철은 원래의 뜻을 가지고 있으나 그 뜻만으로 쓰이는 것은 아니다. 비분리전철은 동사를 기본적으로 추상적인 개념으로 만들어준다. 또한 자동사를 타동사로 바꿔 주기도 하며, 동사의 뜻을 반대로 만들거나 특정 의미를 부가하기도 한다. 필자는 비분리동사는 '화학적 결합'이라고 표현하는 것을 즐긴다. 비분리전철이 동사에 붙으면 뜻이 단순히 부가되는 것이 아닌, 하나의 고차원적인 다른 뜻을 가진 동사가 나오기 때문이다. 이렇게 다양한 쓰임이 있는 비분리전철의 대표적인 특징은 1. 말 그대로 분리되지 않으며 2. 발음에서 강세를 가지지 않는다. 비분리전철 8가지를 하나하나 살펴보도록 하자.

be

"~을 둘러서, ~에 관하여"라는 뜻을 가지고 있다. be가 동사에 붙으면 대부분의 동사는 ④격 목적어를 취하는 타동사가 된다.

- bezahlen 지불하다
  - 예 Ich bezahle jeden Monat 300 Euro für die Miete.

  나는 매달 월세를 위해 300유로를 지불한다.

- bekommen 받다, 얻다
    - 예) Was bekommen Sie?   당신은 무엇을 얻으십니까(드시겠습니까)?
    (식당에서 웨이터가 손님에게 묻는 표현)

- bestellen 주문하다
    - 예) Wir möchten gerne bestellen.   우리는 주문하고 싶습니다.
    (식당에서 주문할 때 쓰는 표현)

ge
동사의 추상화

- gefallen ~에게 마음에 들다
    - 예) Das Hemd gefällt mir sehr gut.   이 셔츠가 나에게 매우 마음에 든다.

- gelingen ~에게 어떤 일이 성사되다
    - 예) Der Plan gelingt mir bestimmt.   그 계획은 나에게 분명히 성공될 것이다.

emp
동사의 추상화, 동사의 폭을 넓힌다

- empfehlen 추천하다
    - 예) Er empfiehlt uns ein Restaurant.   그가 우리에게 한 레스토랑을 추천한다.

- empfinden 느끼다, 지각하다
    - 예) Ich empfinde starke Schmerzen.   나는 강한 통증을 느낀다.

ent
동사의 추상화, 제거의 의미가 있다

- entschuldigen 용서하다
    - 예) Bitte, entschuldigen Sie mich.   부디, 저를 용서해 주세요.

- entdecken 발견하다
    - 예) Man entdeckt jeden Tag etwas Neues.   사람들은 매일 무엇인가 새로운 것을 발견한다.

- entlassen 내쫓다, 해고하다
  - 예 Die Firma entlässt 10 Mitarbeiter diesen Monat.
  그 회사는 10명의 노동자들을 이번 달에 해고한다.

- entspannen 긴장을 완화하다
  - 예 Sie entspannt sich im Urlaub.
  그녀는 휴가에서 쉬고 있다.

er

추상적 의미, 끝까지 달성 및 성취의 의미가 있다

- erleben 겪다, 체험하다
  - 예 Wir erleben vieles hier.
  우리는 여기에서 많은 것들을 경험한다.

- erschlagen 때려 죽이다
  - 예 Er erschlägt den Computer.
  그는 그 컴퓨터를 때려서 망가뜨린다.

- erzählen 서술하다, 설명하다
  - 예 Meine Großmutter erzählt uns eine Geschichte.
  나의 할머니는 우리에게 하나의 이야기를 해주신다.

ver

동사의 추상화, 뜻을 반대로 만들어주는 역할을 한다

- verstehen 이해하다
  - 예 Das Buch ist sehr schwer zu verstehen.
  이 책은 이해하기에 매우 어렵다.

- verkaufen 팔다
  - 예 Ich verkaufe alte Schuhe.
  나는 오래된 신발들을 판다.

- verlassen 떠나다, 남겨두다
  - 예 Der Lehrer verlässt den Klassenraum.
  그 선생님은 그 교실을 떠난다.

(zer)

동사의 양태를 공격적이고 거칠게 만든다

- zerstören 파괴하다
  - 예 Die Autoabgase zerstören die Umwelt.   자동차 배기가스가 환경을 파괴한다.

- zerreißen 갈기갈기 찢어 버리다
  - 예 Er zerreißt den Brief.   그는 그 편지를 찢어 버린다.

(miss)

어떤 일이 옳지 않거나 잘못된 의미를 부여한다.

- missverstehen 오해하다
  - 예 Du missverstehst mich   너는 나를 오해하고 있다.

- misslingen 실패하다
  - 예 Es misslingt ihm.   그것이 그에게 실패로 돌아간다.

- misshandeln 학대하다
  - 예 Sie misshandelt die Kinder.   그녀는 그 아이들을 학대한다.

2 분리/비분리 전철

위 소개된 8개의 비분리전철 이외에 비분리동사를 만들기도 하는 전철들이 있다. 이 전철들은 분리될 경우와 분리되지 않을 경우 동사에 다른 뜻을 부여한다. 예시 단어를 비교함으로써 학습해 보도록 하자.

(durch)

선치사로서 "~을 관통하여/통하여"라는 의미로 영어의 through에 해당. 분리될 경우 전치사로서의 뜻을 그대로 가지고 있으며, 분리되지 않을 경우 "샅샅이, 철저히"라는 뜻을 가지게 됨.

- durch | führen (분리) 인도하다, 데리고 지나가다, 실행하다
    - 예 Sie führen das Interview durch. 그들은 인터뷰를 실행한다.

- durchsuchen (비분리) 수색하다
    - 예 Die Polizei durchsucht den Tatort. 경찰은 그 범행 장소를 수색한다.

(über)

전치사로서 "~위에"라는 뜻으로 영어의 over/above에 해당. 분리될 경우 "~을 건너서, 건너편에, ~을 넘어서"라는 뜻이며, 분리되지 않을 경우 추상적이고 관념적인 개념에서의 "건넘"을 뜻함.

- über | setzen (분리) 물이나 길 따위를 건너게 해주다.
    - 예 Der Mann setzt die Kinder über.
        그 남자가 아이들을 (배를 이용하거나 부축해서 물이나 길 따위를) 건너게 해준다.

- übersetzen (비분리) 번역하다
    - 예 Er übersetzt den Satz. 그는 그 문장을 번역한다.

(um)

전치사로서 "~을 둘러서"라는 뜻으로 영어의 around에 해당. 분리될 경우 말 그대로 "~을 둘러서"이며, 분리되지 않을 경우 추상적이고 관념적인 개념에서의 "두름"을 뜻함.

- um | gehen (분리) 떠돌다, 퍼지다
    - 예 Die Viren gehen um. 그 바이러스들이 퍼진다.

- umgehen (비분리) 우회하다, 피해가다
    - 예 Umgehen Sie dieses Gebiet! 이 구역을 우회하세요!

(unter)

전치사로서 "~아래"라는 뜻으로, 영어의 under에 해당. 분리될 경우 말 그대로 "~아래로"이며, 분리되지 않을 경우 "심도 있게, 심화하여"의 뜻을 가짐.

- unter | gehen (분리) 아래로 내려가다, (태양이) 지다
    - 예 Die Sonne geht unter. 태양이 진다.

- untersuchen (비분리) 검사하다, 진찰하다
  - 예) Der Arzt untersucht die Patienten.   그 의사가 환자들을 진찰한다.

wieder

부사로서 "다시, 재차"의 의미로 분리될 경우 전철의 의미인 "다시 (동사)하다"의 뜻이 됨. 분리되지 않을 경우 하나의 특정한 의미를 지니나, 반복의 의미는 내포하고 있음.

- wieder | holen (분리) 다시 + 가져오다
  - 예) Er holt das Buch wieder.   그는 그 책을 다시 가져온다.
- wiederholen (비분리) 반복하다, 복습하다
  - 예) Er wiederholt die Grammatik.   그는 그 문법을 반복한다.

wider

어원은 wieder이며 "~에 대항하여, 반대하여"라는 의미로 분리될 경우 전철의 의미인 "반대하여 (동사)하다"의 뜻이고, 분리되지 않을 경우 하나의 특정한 의미를 지니나 반사, 튕겨져 나가는 의미는 내포하고 있음.

- wider | spiegeln (분리) 반대하여 + 비추다 → 반사하다
  - 예) Das Meer spiegelt den Mond wider.   그 바다가 달을 반사한다.
- widersprechen (비분리) 이의를 제기하다
  - 예) Die Kinder widersprechen der Lehrerin.   그 아이들은 그 선생님에게 이의를 제기한다.

풀어보기

❖ 다음 우리말에 맞게 독일어로 작문해 보세요. (※분리/비분리에 주의!)

01

당신은 그 도시를 방문합니까?

도시: die Stadt / 방문하다: besuchen

➡ _____

02

그녀는 그 공을 다시 가지고 온다. 그것을 그녀는 반복한다.

공: der Ball

➡ _____

03

일요일에 우리는 재미있는 무엇인가를 한다.

일요일에: am Sonntag / 재미있는 일을 하다: unternehmen / 무엇인가: etwas

➡ _____

04 너는 나를 이해하니?

➡ _____

05 나는 하나의 커피와 하나의 우유를 주문한다.

커피: der Kaffee / 우유: die Milch

➡ _____

06 그들은 너희들에게 책 한 권을 추천한다.

➡ _____

풀어보기

07

그 어부가 한 남자를 그의 배로 건너 준다.

배: das Boot / ~로: mit + 3격

➡ _____

08

그 학생은 내려간다.

➡ _____

09

그 콘서트는 나의 마음에 든다.

콘서트: das Konzert

➡ _____

10 그들은 지구를 파괴한다. 그것이 나를 괴롭힌다.

지구: die Erde / 괴롭히다: stören

➡ _____

해설

01 Besuchen Sie die Stadt?
02 Sie holt den Ball wieder. Das wiederholt sie.
03 Am Sonntag unternehmen wir etwas.
04 Verstehst du mich?
05 Ich bestelle einen Kaffee und eine Milch.
06 Sie empfehlen euch ein Buch.
07 Der Fischer übersetzt einen Mann mit seinem Boot.
08 Der Schüler geht unter.
09 Das Konzert gefällt mir gut.
10 Sie zerstören die Erde. Das stört mich.

재귀동사

기본학습

재귀동사란 주어가 행한 동작이 주어 자신에게 미치는 뜻을 갖는 동사를 뜻한다. 재귀동사는 크게 1.타동사에서 온 재귀동사와 2.순수재귀동사 두 가지로 나눌 수 있다. 재귀동사는 재귀대명사를 취하며 재귀대명사는 상황에 따라 ③격이 될 수도, ④격이 될 수도 있다. 재귀대명사 자체는 해석을 "자기 자신에게"로 한다.

1 재귀대명사

ich	mir/mich	wir	uns
du	dir/dich	ihr	euch
er/sie/es	sich	sie/Sie	sich

- 재귀대명사와 인칭대명사의 차이
  - 예) Er wäscht sich. (그가 그 자신을 씻는다. – 재귀대명사)
  - Er wäscht ihn. (그가(다른 제 3자가) 그를 씻긴다 – 타동사)

- 상호재귀대명사 : 주어가 복수, man, alles 일 때
  - ▶재귀대명사 : 자기 자신(sich selbst)
  - ▶상호재귀대명사 : 서로 서로(miteinander)
  - 예) Wir treffen uns vor dem Kino.   우리는 영화관 앞에서 (서로를) 만난다.

- 재귀대명사의 위치
  재귀대명사도 인칭대명사의 한 종류이기 때문에 최대한 동사 가까이에 위치시키면 된다.
  - 예) Er setzt sich auf den Stuhl.
    그는 스스로를 의자 위에 앉힌다. ➡ 그는 의자로 가서 앉는다.

예 Wäschst du dir die Hände?   너는 너에게 손을 씻겨주니? → 너는 너의 손을 씻니?

- 재귀대명사의 종류 – 4격 목적어의 유무가 기준
    ▶ 다른 4격 목적어가 있을 때: S + V + sich(3격 재귀대명사) + 4격 목적어
    ▶ 다른 4격 목적어가 없을 때: S + V + sich(4격 재귀대명사)

2 타동사에서 온 재귀동사

아래 동사들은 타동사로도, 재귀동사로도 쓰일 수 있다. 4격 목적어 자리에 다른 인칭이 들어가면 "그 사람/사물을 ~하다"라는 뜻이고, 재귀대명사가 들어가면 "스스로를 ~하다"라는 뜻이다.

- waschen 씻기다
    예 Ich wasche mich.   나는 나를 씻긴다. → 나는 씻는다.
      Ich wasche mir das Gesicht.
                                            나는 나에게 얼굴을 씻겨준다. → 나는 나의 얼굴을 씻는다.

- anziehen 옷 입히다
    예 Ich ziehe mich an.   나는 나를 옷 입힌다. → 나는 옷 입는다.
      Ich ziehe mir einen Rock an.
                                            나는 나에게 하나의 치마를 입혀 준다. → 나는 하나의 치마를 입는다.

- setzen 앉히다
    예 Ich setze meine Katze auf das Sofa.   나는 나의 고양이를 소파 위로 앉혀 둔다.
      Ich setze mich.   나는 나를 앉힌다. → 나는 앉는다.

- stellen 세우다
    예 Ich stelle den Schrank neben den Tisch.
                                            나는 그 장롱을 탁자 옆에다가 세워 둔다.
      Ich stelle mich an das Fenster.
                                            나는 나를 창가로 가서 세운다. → 나는 창가에 (다가가) 선다.

- erinnern 상기시키다(+an 4격)
    예 Du erinnerst mich an die Hausaufgabe.
                                            너는 나를 그 숙제에 대해 상기시킨다. → 너는 나에게 그 숙제에 대해 기억하게 만든다.

Ich erinnere mich an die Hausaufgabe.

나는 나를 그 숙제에 대해 상기시킨다. ➡ 나는 그 숙제에 대해 기억한다.

- interessieren ~로 하여금 흥미를 갖게 하다(+für 4격)
    - 예 Die Geschichte interessiert mich nicht.

    그 이야기는 나로 하여금 흥미를 불러일으키지 않는다.

    Ich interessiere mich sehr für Musik. 나는 음악에 매우 흥미가 있다.

- ändern 바꾸다
    - 예 Ich ändere meine Frisur. 나는 나의 헤어스타일을 바꾼다.
    Ich ändere mich. 나는 나 스스로를 바꾼다. ➡ 나는 변화한다.

- ärgern(+über 4격) 화나게 하다
    - 예 Du ärgerst mich nur! 너는 나를 화나게 할 뿐이야!
    Sie ärgert sich über mich. 그녀는 나에 대해서 화를 낸다.

3 순수재귀동사

순수재귀동사는 반드시 재귀동사로만 쓰이는 동사들이다. 아래는 그 예시들이며 기본적으로 반드시 알고 있어야 하는 동사들이다. 또한 경우에 따라 함께 쓰이는 전치사도 정해져 있으니, 전치사와 함께 예문을 통해 학습하면 효율적이다.

- sich befinden ~이 어디에 있다
    - 예 Die Toilette befindet sich im Erdgeschoss.

    화장실은 지층(우리나라 1층)에 위치합니다.

- sich freuen 기쁘다(+auf 4격: 미래에 있을 일에 대해 / +über 4격: 있었던 일에 대해)
    - 예 Ich freue mich schon auf die Winterferien.

    나는 벌써 겨울방학에 대해 기쁘다. ➡ 겨울방학이 고대된다.

    Er freut sich über die Geschenke. 그는 그 선물에 대해 기쁘게 생각한다.

- sich konzentrieren auf 4격 ~에 집중하다
    - 예 Mein Sohn konzentriert sich auf das Bild. 나의 아들은 그 그림에 집중한다.

- sich beeilen 서두르다

예 Ich habe keine Zeit. Ich beeile mich!　　나는 시간이 없어. 나는 서두른다!

- sich bewerben um ④격 ~에 지원하다
  - 예 Sie bewirbt sich um einen Studienplatz an der Universität Göttingen.
  그녀는 괴팅엔 대학교에 한 연구자리에 지원한다.

- sich kümmern um ④격 ~을 돌보다
  - 예 Meine Eltern kümmern sich um den Baum. 나의 부모님은 그 나무를 돌본다.

- sich beschweren über ④격 ~에 대해 불평하다(불편사항을 호소하다)
  - 예 Er beschwert sich immer über den Lärm.　　그는 항상 소음에 대해 불평한다.

- sich erholen von ③격 ~으로 부터 회복하다
  - 예 Er erholt sich von der Arbeit.　　그는 일로부터 쌓인 스트레스로부터 회복한다.

- sich ausruhen 쉬다, 휴식을 취하다
  - 예 Ich ruhe mich aus!　　나는 쉴게!

- sich beschäftigen mit ~에 몰두하다, 연구하다
  - 예 Ich beschäftige mich mit dem Roman.　　나는 그 소설에 몰두한다(연구한다).

- sich verabreden ~와 만나기로 약속하다
  - 예 Er verabredet sich mit Sofia um 9 Uhr. 그는 Sofia와 9시에 만나기로 약속한다.

- sich unterhalten mit ③격 über ④격 ~와 ~에 대해 담소를 나누다
  - 예 Junge Leute unterhalten sich über Mode.
  젊은 사람들은 패션에 대해 이야기한다.

3 뜻을 추가하기 위해 재귀로 쓰는 경우

재귀동사가 아닌데 재귀대명사를 취해서 자기 스스로를 위한 일이라는 것을 강조하는 경우도 있다. 이러한 경우 재귀대명사는 ③격이며 생략해도 무방하다.

　예 Ich kaufe mir ein neues Auto.　　나는 나에게 하나의 새 자동차를 산다.
　　　→ 자동차를 하나 새로 사는데, 나 자신을 위한 구매라는 뜻
　　Was bestellst du dir?　너는 너에게 뭘 주문하니? → 너를 위한 메뉴는 무엇이냐는 뜻

● 89

풀어보기

❖ 다음 우리말에 맞게 독일어로 작문해 보세요.

01

나는 노란색 바지를 즐겨 입는다.

➡ _____

02

내일 그는 집에서 쉰다.

➡ _____

03

나는 정치학에 흥미를 가지고 있다.

➡ _____

04 그녀는 그녀의 여동생들을 돌본다.

▸ _____

05 대학생들은 한 자리(일자리)에 지원한다.

자리: Stelle(여성)

▸ _____

06 나는 우리의 재회가 매우 기대돼.

▸ _____

풀어보기

07 어디에 그 교회가 위치합니까?

➡ _____

08 그는 그의 아이를 씻기고 스스로도 씻는다.

➡ _____

09 너는 우리의 예전 선생님 기억하니?

➡ _____

10

나는 나의 엄마와 우리 가족에 대해 이야기하는 것을 좋아한다.

➡ _____

해설

01　Ich ziehe mir gern gelbe Hose an.
02　Morgen ruht er sich aus.
03　Ich interessiere mich für Politik.
04　Sie kümmert sich um ihre Schwestern.
05　Studenten bewerben sich um eine Stelle.
06　Ich freue mich sehr auf unser Wiedersehen.
07　Wo befindet sich die Kirche?
08　Er wäscht sein Kind und sich.
09　Erinnerst du dich an unseren alten Lehrer?
10　Ich unterhalte mich gern mit meiner Mutter über unsere Familie.

08 형용사의 어미변화

기본학습

독일어의 형용사는 부사와 원형이 같으므로, 문장 내에서 형용사인지 부사인지를 판가름하는 기준은 형용사의 어미이다. 형용사는 수식하는 명사의 성과 격에 따라 어미변화를 달리 하며, 명사 앞에 어떤 관사가 있느냐에 따라서도 변화의 종류가 다르다. 형용사 어미 변화의 종류는 총 세 가지이다.

1 형용사의 어미변화

독일어 공부에서 가장 악명 높고 독일어를 포기하는 계기가 된다는 형용사의 어미변화 규칙은 무조건적인 암기와 문제풀이 만을 통해서 학습한다면 즐겁지 않을 것이다. 필자 역시 이 어려운 시간을 겪어본 바, 경험에 의거하여 팁을 전달하고자 한다. 모든 공부는 마음에서 거부감이 들면 효율이 급격히 떨어진다. 독일어의 형용사의 어미변화가 학습하기 어렵다는 것에는 이견의 여지가 없다. 하지만 그 전에 왜 형용사가 이렇게 복잡하고 다양하게 변하는지에 대한 근본적인 성찰을 해 본다면, 독일어 문법에서 가장 복잡하고 완벽하게 학습하기 어려운 파트가 바로 명사임을 인지하여야 한다. 명사의 성을 이루는 요소는 복잡하고 다양하다. 문장 내에서 이렇게 복잡한 성질을 지닌 명사를 수식하고 있다는 신호를 보내기 위해서 형용사의 어미 역시 복잡해 질 수밖에 없었다. 즉, 형용사의 어미변화 규칙을 틀리지 않고 올바르게 적용하기 위해서는 명사의 학습이 필연적이다. 형용사의 어미는 문장 내에서 형용사가 가리키고 있는 명사를 정확하게 규명하기 위해, 명사의 성과 격에 귀속되어 있고, 이에 따라 어미가 변화하게 되었다.

명사 앞에 아무런 관사가 없을 경우, 형용사는 자신이 수식하는 명사의 성과 격을 정확히 표현하여 그 명사를 수식하고 있음을 밝혀야 한다. 따라서 이 경우에는 형용사가 명사의 성과 격에 따라 어미가 매우 다양하게 변화한다. 변화의 정도가 강하기 때문에 이를 형용사의 '강변화'라 일컫는다.

명사 앞에 정관사가 있을 경우, 정관사는 명사의 성과 격을 매우 구체적으로 표현해 주기 때문에 형용사의 어미가 열심히 명사의 성과 격을 규정할 필요가 없다. 따라서 형용사의 어미는 e 아니면 en 두 가지로만 변한다. 변화의 정도가 약하기 때문에 이를 형용사의 '약변화'라 일컫는다.

명사 앞에 부정관사가 있을 경우, 부정관사는 명사의 성과 격을 표현해주기는 하나 일부에서 불명확한 상황이 발생한다. 예컨대 남성 1격과 중성 1/4격의 부정관사 형태가 동일하기 때문에, 명사의 성이 불확실해진다. 이 때에는 형용사의 어미가 어느 정도 역할을 해야 한다. 기본적으로 약변화 규칙이지만, 이러한 불명확한 상황에서 강변화 양상을 보이기 때문에 이를 '혼합변화'라 일컫는다.

형용사의 강변화

- 명사 앞에 관사(정관사나 부정관사)가 없을 경우의 형용사 어미변화

	남성	여성	중성	복수
1격	er	e	es	e
2격	en	er	en	er
3격	em	er	em	en
4격	en	e	es	e

예 Das ist französisch**er** Wein.
　　　　　　　　(강변화 남성 1격)
다스 이스트 프란최지셔 바인　　　　　　　　　　　　이것은 프랑스의 와인이다.

Der Preis französisch**en** Weins ist hoch.
　　　　　　　(강변하 남성 2격)
데어 프라이스 프란최지셔 바인스 이스트 호흐　　　프랑스의 와인의 가격은 높다.

Das Menü mit französisch**em** Wein finde ich schön.
　　　　　　　　　　(강변화 남성 3격)
다스 메뉴 밑 프란최지셈 바인 핀데 이히 쇼엔
　　　　　　프랑스의 와인이 있는 그 메뉴를 나는 멋지다고 생각한다.

Ich trinke gern französisch**en** Wein.
　　　　　　　　　　　(강변화 남성 4격)

이히 트링케 게안 프란최지셴 바인　　　　　나는 프랑스의 와인을 즐겨 마신다.

형용사의 약변화

- 명사 앞에 정관사류가 있을 경우의 형용사 어미변화
- 정관사류: 그(der, die, das) / 이(dies-) / 저(jen-) / 각각의(jed-) / 모든(all-) / 다수의(manch-) / 어떤(welch-) / 그러한(solch-)

	남성	여성	중성	복수
1격	e	e	e	en
2격	en	en	en	en
3격	en	en	en	en
4격	en	e	e	en

* |**암기 팁**| 형용사 어미가 en이 되는 표를 모두 색칠하면 침대 모양이 완성된다.

예 Der jung**e** Mann liebt die schön**e** Frau.
　　　약변화 남성 1격　　　　　약변화 여성 4격
데어 융에 만 립트 디 쇼에네 프라우　　　그 젊은 남자는 그 아름다운 여자를 사랑한다.

Diese alt**en** Autos sind nicht teuer.
　　　약변화 복수 1격
디제 알텐 아우토스 진트 니히트 토이어　　　이 오래된 자동차들은 비싸지 않다.

Jeder fleißig**e** Mensch verdient viel Geld.
　　　　약변화 남성 1격
예더 플라이시게 멘쉬 페어딘트 필 겔트　　　각각의(모든) 성실한 사람은 많은 돈을 번다.

형용사의 혼합변화

- 명사 앞에 부정관사류가 있을 경우의 형용사 어미변화
- 부정관사류: ein- / 소유관사(mein- dein-..) / 명사부정관사(kein-)

	남성	여성	중성	복수
1격	er	e	es	en
2격	en	en	en	en
3격	en	en	en	en
4격	en	e	e	en

* |암기 팁| 형용사 어미가 en이 되는 표를 모두 색칠하면 침대 모양이 완성된다
* 남성 1격과 중성 1/4격에서 강변화의 양상을 보인다.

예 Ein reich<u>er</u> Mann hat kei<u>ne</u> groß<u>en</u> Probleme.
　　　　 혼합변화 남성 1격　　혼합변화 복수 4격
아인 라이혀 만 핟 카이네 그로센 프로블레메
　　　　　　　　　　　　　　하나의 부유한 남자는 그 어떤 큰 문제들도 가지고 있지 않다.

Ich habe ein neu<u>es</u> Auto.
　　　　　　　　혼합변화 중성 4격
이히 하베 아인 노이에스 아우토
　　　　　　　　　　　　　　나는 하나의 새 자동차를 가지고 있다.

Das sind meine best<u>en</u> Freunde.
　　　　　　　　　혼합변화 복수 1격
다스 진트 마이네 베스텐 프로인데
　　　　　　　　　　　　　　이들은 나의 가장 좋은 친구들이다.

풀어보기

❖ 빈칸에 알맞은 형용사 어미를 넣어 문장을 완성하세요.

01

Das ist ein hell____ Zimmer.

이것은 하나의 밝은 방이다.

➡ _____

02

Meine jünger____ Schwester hat ein neu____ Fahrrad.

나의 어린 여동생은 하나의 새로운 자전거를 가졌다.

➡ _____ , _____

03

Ich habe einen groß____ Tisch und einen klein____ Stuhl.

나는 하나의 큰 탁자와 하나의 작은 의자를 가지고 있다.

➡ _____ , _____

04

Ich wünsche Ihnen einen schö____ Tag!

나는 당신에게 하나의 멋진 날을 기원합니다.

◯ _____

05

Das billig____ Handy gefällt mir nicht.

그 싼 휴대폰은 내 마음에 들지 않는다.

◯ _____

06

Gut____ Freunde sind wie alt____ Wein.

좋은 친구는 오래된 와인과 같다.

◯ _____ , _____

풀어보기

07

Ich habe viel____ Probleme.

나는 많은 문제들을 가지고 있다.

◯ _____

08

Er hilft dem arm____ Mädchen.

그는 그 가난한 소녀를 돕는다.

◯ _____

09

Wir habe einen groß____ Hund und eine klein____ Katze.

우리는 하나의 큰 개와 하나의 작은 고양이를 가지고 있다.

◯ _____, _____

10

Sara ist die best____ Schülerin in unserer Klasse.

Sara는 우리 반에서 최고의 학생이다.

 _____

해설

01　Das ist ein hell<u>es</u> Zimmer.
　　　혼합변화 중성 1격

02　Meine jüng<u>ere</u> Schwester hat ein neu<u>es</u> Fahrrad.
　　　혼합변화 여성 1격　　　　　　　혼합변화 중성 4격

03　Ich habe einen groß<u>en</u> Tisch und einen klein<u>en</u> Stuhl.
　　　혼합변화 남성 4격

04　Ich wünsche Ihnen einen schön<u>en</u> Tag!
　　　　　　　　　　　혼합변화 남성 4격

05　Das billi<u>ge</u> Handy gefällt mir nicht.
　　　약변화 중성 1격

06　Gut<u>e</u> Freunde sind wie alt<u>er</u> Wein.
　　　강변화 복수 1격　　　강변화 남성 1격

07　Ich habe viel<u>e</u> Probleme.
　　　강변화 복수 4격

08　Er hilft dem arm<u>en</u> Mädchen.
　　　약변화 중성 3격

09　Wir habe einen groß<u>en</u> Hund und eine kleine Katze.
　　　혼합변화 남성 4격　　　　혼합변화 여성 4격

10　Sara ist die beste Schülerin in unserer Klasse.
　　　약변화 여성 1격

09 형용사의 원급, 비교급, 최상급

📖 기본학습

1 기초 형용사

형용사는 기본적으로 명사를 수식하는 역할을 한다. 다음은 독일어 입문자라면 반드시 알아야 하는 기초 형용사들이다.

groß	큰	klein	작은
alt	늙은, 낡은	jung	젊은
gut	좋은	schlecht	나쁜
schön	아름다운, 좋은	hässlich	추한
leicht	쉬운, 가벼운	schwer	어려운, 무거운
langsam	느린	schnell	빠른
teuer	비싼	billig	싼
voll	가득 찬	leer	텅 빈
warm	따뜻한	kalt	차가운
müde	피곤한	hungrig	배고픈

2 형용사의 비교급과 최상급

비교급에 -er, 최상급에 -st를 붙인다.

- -d, -t, -s, -ss, -ß, -sch, -z, -tz, -x, -h, 모음으로 끝난 형용사는 최상급으로 -est를 붙인다.

📌 kalt 차가운 ➡ kältest 가장 차가운
roh 날것의 ➡ rohest 가장 날것의

• -er, -el, -en으로 끝난 형용사는 비교급에서 어간의 -e가 탈락한다.
📌 teuer 비싼 ➡ teurer 더 비싼
dunkel 어두운 ➡ dunkler 더 어두운

• a, o, u가 있는 단모음 형용사(모음이 한 개)는 비교급과 최상급에서 대부분 Umlaut가 붙는다.

원급(형용사 기본형)	비교급	최상급
alt 늙은	älter	ältest
warm 따뜻한	wäremer	wärmst
kalt 차가운	kälter	kältest
jung 젊은	jünger	jüngst
lang 긴, 오래	länger	längst
kurz 짧은	kürzer	kürzest
stark 강한	stärker	stärkst
schwach 약한	schwächer	schwächst

• 단모음이지만 Umlaut가 붙지 않는 형용사들이다.

원급(형용사 기본형)	비교급	최상급
klar 깨끗한, 명확한	klarer	klarst
toll 멋진	toller	tollst
voll 가득 찬	voller	vollst
falsch 틀린	falscher	falsch(e)st
wahr 참된, 진실된	wahrer	wahrst
bunt 다채로운	bunter	buntest

froh 기쁜	froher	frohest
nass 젖은	nasser	nassest
stolz 자랑스러운	stolzer	stolzest

- 절대적 형용사 : 비교급 및 최상급이 없다.
  rund(둥근), ganz(온전한), halb(반의), ledig(미혼의), tot(죽은)

3 불규칙변화

원급(형용사 기본형)	비교급	최상급
gut 좋은	besser	best
viel 많은	mehr	meist
groß 큰	größer	größt
gern 기꺼이, 즐겨	lieber	liebst
hoch 높은	höher	höchst
nah(e) 가까운	näher	nächst

4 비교급 활용

원급 비교

- so A wie B : B만큼 A한
  예 Ich bin so alt wie du.　　　　　　　나는 너만큼 나이 들었다.(늙었다)

- nicht so A wie B : B만큼 A하지 않은(= weniger A als B : B보다 덜 A한)
  예 Es ist nicht so kalt wie gestern.　　(오늘은) 어제만큼 춥지는 않다.
  　Es ist weniger kalt als gestern.　　(오늘은) 어제보다는 덜 춥다.

비교급 비교

- A 비교급 + als B : A는 B보다 더 ~하다(A와 B는 같은 격)

  예) Ich trinke mehr Wasser als du.　　　　　나는 너보다 더 많은 물을 마신다.
  　　Ich liebe dich mehr als er.　　　　　　그보다 너를 더 많이 사랑한다.
  　　　　　　　　　　　　　　　　　　　　(그가 너를 사랑하는 것보다 내가 너를 더 사랑한다.)
  　　Ich liebe dich mehr als ihn.　　　　　　나는 그보다 너를 더 많이 사랑한다.
  　　　　　　　　　　　　　　　　　　　　(내가 그를 사랑하는 것보다 너를 더 사랑한다.)

- immer + 비교급 : 점점 더 ~하다

  예) Er wird immer größer.　　　　　　　　그는 (키가) 점점 더 커진다.

- Je + 비교급 + 주어 + … + 동사후치, desto + 비교급 + 동사 + 주어 :
  ~하면 할수록 점점 더 ~하다

  예) Je mehr ich esse, desto dicker werde ich.
  　　　　　　　　　　　　　　　　　내가 많이 먹으면 먹을수록 점점 더 뚱뚱해진다.

- 비교급 강조할 때 noch, viel 사용

  예) Sie ist viel kleiner als ihre Schwester.
  　　　　　　　　　　　　　　그녀는 그녀의 여자형제보다 훨씬 더 (키가) 작다.
  　　Es dauert noch länger.　　　　　　　그것은 (시간이) 훨씬 더 오래 걸렸다.

최상급의 쓰임

- 술어적 용법 : "가장~하게" 라는 뜻으로 부사이거나 혹은 주어의 보어로 쓰인다.
  ▶형태: am + 최상급en

  예) Das Auto ist am billigsten.　　　　　그 자동차는 가장 싸다.(주어의 보어)
  　　Er läuft am schnellsten.　　　　　　그는 가장 빠르게 달린다.(부사적 용법)

- 부가어적 용법 : 명사를 수식하는 형용사로서 쓰인다.
  ▶형태는 [정관사 + 최상급(형용사 어미변화) + 명사]이다.

  예) Er ist am besten.　　　　　　　　　그는 최고이다.
  　　Er ist der beste Student.　　　　　　그는 최고의 학생이다.

풀어보기

❖ 다음 우리말에 맞게 독일어로 작문해 보세요.

01

die Zugspitze는 독일에서 가장 높은 산이다.

➡ _____

02

der Rhein강은 die Donau강보다 길다.

➡ _____

03

이 방은 가장 크다.

방: das Zimmer

➡ _____

04

이 컴퓨터는 이 휴대폰보다 비싸다.

컴퓨터: der Computer / 휴대폰: das Handy

➡ _____

05

나는 커피보다는 차를 더 즐겨 마신다.

➡ _____

06

네가 더 많이 생각할수록 이 문제는 더 복잡해 진다.

문제: das Problem / 복잡한: kompliziert

➡ _____

풀어보기

07 그는 나보다는 너를 더 많이 사랑한다.

➡ _____

08 나는 나의 엄마만큼 키가 크다.

➡ _____

09 이 길은 어제보다 더 복잡하다(사람들이 가득 차 있다).
길: die Straße / 어제: getern

➡ _____

10 나의 성적은 작년보다 훨씬 좋다.

성적: die Note / 작년에: im letzten Jahr

◆ _____

해설

01 Die Zugspitze ist am höchsten in Deutschland.
02 Der Rhein ist länger als die Donau.
03 Das Zimmer ist am größten.
04 Der Computer ist teurer als das Handy.
05 Ich trinke lieber Tee als Kaffee.
06 Je mehr du denkst, desto komplizierter wird das Problem.
07 Er liebt dich mehr als mich.
08 Ich bin so groß wie meine Mutter.
09 Die Straße ist voller als gestern.
10 Meine Note ist viel/noch besser als im letzten Jahr.

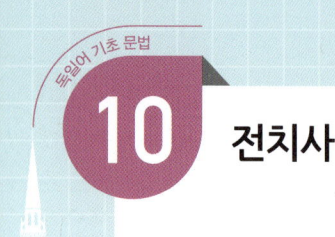

전치사

기본학습

전치사는 명사 앞에 위치하여 시간 및 장소의 정보를 제공하는 역할을 한다. 독일어는 전치사가 매우 발달한 언어로서, 뜻과 쓰임이 매우 다양하다. 각각의 전치사는 특정 격을 취한다. 전치사는 절대 주격을 취하지 않고 나머지 격인 소유격(2격), 여격(3격), 목적격(4격)을 각각 취하며 이를 '~격을 지배한다' 라고 표현한다.

1 2격 지배 전치사

wegen ~때문에

- Wegen des schlechten Wetters bleibe ich zu Hause.
  나쁜 날씨 때문에 나는 집에 머무른다.

statt ~대신에

- Statt deiner Mutter gehst du dorthin. 너의 엄마 대신에 네가 거기로 간다.

während ~동안에

- Während der Sommerferien mache ich einen Deutschkurs.
  여름 방학 동안에 나는 독일어 수업을 듣는다.

trotz ~에도 불구하고

- Trotz der guten Note war er unzufrieden.
  좋은 성적에도 불구하고 그는 만족하지 않는다.

2 3격 지배 전치사

aus ~출신, ~에서부터(=from) / aus+재료: ~로 된

예 Ich komme aus Korea. 나는 한국에서 왔다.
Der Tisch besteht aus Holz. 그 책상은 목재로 이루어져 있다.

ab ~부터(기점)

예 Ab Frankfurt nehme ich den Bus. 프랑크푸르트부터 나는 버스를 탄다.
Ab morgen lerne ich noch fleißiger. 내일부터 나는 훨씬 더 열심히 공부하겠다.

außer außer+장소: ~밖에 / ~을 제외하고

예 Sie ist außer dem Haus. 그녀는 건물 밖에 있다.(외근 중이다.)
Außer mir lernen alle Schüler fleißig. 나 빼고 모든 학생들이 열심히 공부한다.

bei ~곁에서, ~근처에, ~할 때 / bei+사람: ~의 집에서

예 Unsere Schule ist beim Rathaus. 우리 학교는 시청 근처에 있다.
Ich wohne bei meinen Eltern. 나는 우리 부모님 댁에서 산다.
Beim Essen spricht man nicht. 식사할 때에는 말하지 않는다.

mit ~와 함께, ~을 가지고(수단), ~을 곁들여서

예 Er fährt mit dem Auto. 그는 자동차를 타고 간다.
Hannah tanzt mit ihrem Freund. 한나는 그녀의 남자친구와 춤을 춘다.
Ich möchte ein Hähnchen mit Pommes.
나는 감자튀김을 곁들인 닭 요리를 원해요.

nach ~후에, ~에 따르면 / nach+중성국가, 도시: ~로

예 Er fährt nach Seoul. 그는 서울로 간다.
Nach meiner Meinung(Meiner Meinung nach) ist das falsch.
내 의견에 따르면 그것은 틀렸다.

(seit) ~한 이래로

* 현재까지 지속을 나타내기 때문에 문장은 현재시제

예) Seit vier Wochen wohne ich hier.   4주 전부터 나는 여기에 살고 있다.

(von) ~의, ~부터

예) Der Kuchen ist von meinem Onkel.   그 케이크는 나의 삼촌의 것이다.
Berlin ist die Hauptstadt von Deutschland.   베를린은 독일의 수도이다.
Von Montag bis Freitag arbeite ich.   나는 월요일부터 금요일까지 일한다.

(zu) ~의 집으로 / zu+사람: ~에게 / zu+건물, 장소: ~로 /
zu+동작명사: ~하러(목적: 영어의 to)

예) Herr Schmidt fährt zu seinen alten Freunden in Hamburg.
    슈미트씨는 함부르크에 있는 그의 오래된 친구들에게로 간다.
Ich gehe zum Rathaus.   나는 시청에 간다. (zum=zu+dem)
Du gehst zu Einkaufen.   너는 장보러 간다.

(gegenüber) ~의 맞은편에

* 명사 앞에 써도 되는 전치사이지만, 인칭대명사와 쓸 경우에는 반드시 후치

예) Unsere Schule liegt dem Bahnhof gegenüber.
= Unsere Schule liegt gegenüber dem Bahnhof.
    우리의 학교는 기차역 맞은편에 있다.
Er sitzt mir gegenüber.   그는 나의 맞은 편에 앉아 있다.

3 4격 지배 전치사

> **bis** ~까지

* bis는 관사를 취하지 않는 전치사이다. 따라서 관사를 취해야 할 경우 bis+zu의 형태로 자주 쓰인다. 이 경우 zu의 지배격에 맞추어 활용한다.

- Der Zug fährt bis Berlin. 그 기차는 베를린까지 운행한다.
  Wir haben von 9 Uhr bis 12 Uhr Zeit. 우리는 9시부터 12시까지 시간이 있다.
  Fahren Sie bitte bis zum Hauptbahnhof. 중앙역까지 가 주세요.

> **durch** ~을 관통하여, ~을 통해서

- Ich gehe durch den Park. 나는 공원을 관통해 간다.
  Durch die Studie haben wir das Ergebnis.
  그 연구를 통하여 우리가 그 결과를 가진다.

> **gegen** ~에 대항하여, 맞서서 / gegen+시간: ~경

- Das Auto fährt gegen einen Baum. 그 자동차는 나무를 향해 돌진한다.
  Er kommt gegen 6 Uhr. 그는 여섯 시 즈음 온다.
  Diese Medikamente sind gut gegen die Erkältung. 이 약들은 감기에 좋다.

> **um** ~을 둘러서 / um+시간: ~정각에

- Wir sitzen um den Tisch. 우리는 탁자를 둘러서 앉아 있다.
  Der Zug fährt um 9 Uhr ab. 그 기차는 9시에 출발한다.

> **für** ~을 위해(영어의 for)

- Das Buch ist für dich. 이 책은 너를 위한 것이야.

> **ohne** ~없이(영어의 without)

- Ich mache eine Reise ohne meinen Freund.
  나는 나의 남자친구 없이 여행을 한다.
  Er trinkt Kaffee ohne Zucker. 그는 설탕 없이 커피를 마신다.

entlang ~을 따라서(명사 다음에 주로 온다)

예 Das Auto fährt den Fluss entlang.　　　그 자동차는 그 강을 따라서 달린다.

4 ③, ④격 지배 전치사(장소전치사)

장소를 나타내는 전치사는 ③격과 ④격을 취할 수 있다. ③격을 취했을 때는 정지의 의미 (~에서)이고, ④격을 취했을 때는 이동의 의미(~로)이다. 이를 '③정 ④동'으로 외우면 유용하다.

auf 물체에 닿아서 위에 있다는 뜻
　　　　auf+③격: ~위에 / auf+④격: ~위로

예 Ich bin jetzt auf der Straße.　　　　나는 지금 길 위에 있다.
　 Ich lege mein Handy auf den Tisch.　나는 내 휴대폰을 탁자 위로 둔다.

an 작은 것이 큰 것에 착 달라붙는 느낌
　　　앞, 뒤, 옆이 정확하지 않은 공간의 범위 내에 있는 느낌
　　　an+③격: ~가에 / an+④격: ~가로

예 Das Bild hängt an der Wand.　　　　그 그림은 벽에 걸려 있다.
　 Er steht an der Ampel.　　　　　　　그는 신호등(주위)에 서 있다.
　 Das Auto steht an der Kreuzung.　　 그 자동차는 교차로(의 범위 안에)에 서 있다.
　 Sie hängt das Bild an die Wand.　　　그녀는 그 그림을 벽으로 (갖다가) 건다.

in 주로 건물이나 지붕, 한정된 공간에 쓰임
　　　in+③격: ~안에 / in+④격: ~안으로

예 Wir sind in der Schule.　　　우리는 학교에 있다.
　 Wir gehen in die Schule.　　우리는 학교로 간다.

unter unter+③격: ~아래에 / unter+④격: ~아래로

예 Der Teppich liegt unter dem Tisch.　　　그 카펫은 탁자 밑에 놓여 있다.
　 Wir legen den Teppich unter den Tisch.　우리는 그 카펫을 탁자 밑으로 놓는다.

über 떨어져서 위에, 공중 위에 있다는 뜻
über+3격: ~위에 / über+4격: ~위로

- Das Büro ist über dem Café. 그 사무실은 그 카페 위(층)에 있다.
  Das Flugzeug fliegt über die Stadt. 그 비행기는 도시 위로 날아간다.

neben neben+3격: ~옆에 / neben+4격: ~옆으로

- Die Katze liegt neben dem Ofen. 그 고양이는 오븐 옆에 누워 있다.
  Der Hund geht neben die Katze. 그 개가 그 고양이 옆으로 간다.

vor vor+3격: ~앞에 / vor+4격: ~앞으로

- Ich treffe Mario vor dem Kino. 나는 영화관 앞에서 마리오를 만난다.
  Kommen Sie vor die Apotheke. 그 약국 앞으로 오세요.

hinter hinter+3격: ~뒤에 / hinter+4격: ~뒤로

- Ein großer Baum steht hinter dem Haus. 하나의 커다란 나무가 집 뒤에 서 있다.
  Die Kinder laufen hinter die Tür. 그 아이들은 문 뒤쪽으로 달려간다.

zwischen zwischen+3격: ~사이에 / zwischen+4격: ~사이로

- Der Dachs ist zwischen dem Mann und dem Hund.
  그 너구리는 그 남자와 그 개 사이에 있다.

  Der Dachs läuft schnell zwischen den Mann und den Hund.
  그 너구리는 그 남자와 개 사이로 빠르게 뛴다.

5 전치사+3격에 자주 쓰이는 동사

sein	있다
sitzen	앉아 있다
liegen	누워 있다
hängen	걸려 있다
stehen	서 있다

* 이 외의 동작 동사 (예: lernen(공부하다), tanzen(춤추다), essen(먹다) 등 "~에서"와 상응하는 동사)

6 전치사+4격에 자주 쓰이는 동사

gehen	가다
kommen	오다
setzen	~를 어디로 앉히다
legen	~을 어디로 놓다
hängen	~을 어디로 걸다
stellen	~을 어디로 세우다

* 이 외의 장소 이동을 나타내는 동사 (예: fahren(타고 가다), laufen(뛰어가다), rennen(달리다) 등 "~로"와 상응하는 동사)

7 시간을 나타내는 전치사

• 하루의 시간

am Morgen	아침에
am Vormittag	오전에
am Mittag	정오에
am Nachmittag	오후에
am Abend	저녁에

* Nacht는 하루의 시간 개념이 아님. 밤은 하루(낮)과는 별개의 하나의 독립된 시간&공간적 존재로 여겨졌기 때문에, 여타 하루를 나타내는 명사들과는 달리 유일하게 여성이고 전치사 역시 in을 사용 (예: in der Nacht: 밤에)

• 요일, 날의 개념

am Montag	월요일에
am Wochenende	주말에
an Weihnachten	크리스마스에
an Ostern	부활절에
am 3. Oktober (am dritten Oktober)	10월 3일에

• 주, 달, 해, 계절의 개념

in der Woche	1주일에
in der nächsten Woche	다음 주에
im Monat	한 달에
im nächsten Monat	다음 달에
im Jahr	1년에
im nächsten Jahr	다음 해에
im Herbst	가을에
im Januar	1월에

풀어보기

❖ 다음 우리말에 맞게 독일어로 작문해 보세요.

01

너는 그 그림을 어디로 거니? 나는 그 그림을 그 램프 아래에 걸어.

어디로: wohin

➡ _____

02

어제부터 두통이 있어요.

두통: Kopfschmerzen

➡ _____

03

우리는 1주일에 한 번 영화관으로 간다.

한 번: einmal / 영화관: das Kino

➡ _____

04

네가 그 공원을 가로질러서 가면 너는 그 시청을 찾는다.

➡ _____

05

너 없이는 나는 공원에 가지 않는다.

➡ _____

06

학교 앞에 약국이 하나 있다.

➡ _____

풀어보기

07

우리는 내일 베를린으로 차를 타고 간다.

➡ _____

08

그 행사는 내일부터이다.

행사: die. Veranstaltung

➡ _____

09

교통체증 때문에 그는 늦게 도착한다.

교통체증: der Stau / 늦게: später / 도착하다: ankommen

➡ _____

10

월요일부터 금요일까지 나는 산 위로 간다(등산한다).

산: die Berge

➔ _____

해설

01 Wohin hängst du das Bild? Ich hänge das Bild unter die Lampe.
02 Seit gestern habe ich Kopfschmerzen.
03 Wir gehen einmal in der Woche ins(in das) Kino.
04 Wenn du durch den Park gehst, findest du das Rathaus.
05 Ohne dich gehe ich nicht zum Park.(in den Park)
06 Vor der Schule ist eine Apotheke.
07 Wir fahren morgen mit dem Auto nach Berlin.
08 Die Veranstaltung ist ab morgen.
09 Wegen des Staus kommt er später an.
10 Von Montag bis Freitag gehe ich auf die Berge.

11 접속사

📖 기본학습

단어와 단어, 문장과 문장을 연결하는 품사로서 독일어에는 등위 접속사, 부사적 접속사 (접속부사), 종속 접속사가 있다.

1 등위 접속사

문장 구성 성분의 자리를 차지하지 않는 품사로서, 앞 문장과 뒤 문장을 연결할 때 문장 구성 순서에 영향을 미치지 않는다. 총 5개가 있다.

und) 그리고 (*문장을 연결할 때도 쉼표를 찍지 않음)

예 Meine Mutter und ich gehen gerne im Supermarkt einkaufen.
나의 엄마 그리고 나는 마트에 장보러 가는 것을 즐긴다.

Ich habe eine Schwester und sie hat einen Bruder.
나는 하나의 여자 형제를 가지고 있고 그녀는 하나의 남자 형제를 가지고 있다.

aber) 그러나, 하지만

예 Der Unterricht ist leider langweilig, aber ich mag den Lehrer.
그 수업은 유감스럽게도 지루하지만 나는 그 선생님을 좋아한다.

Ich habe viele Freunde, aber ich bin einsam.
나는 많은 친구들을 가지고 있지만 외롭다.

oder) 또는, 혹은(문장을 연결할 때도 쉼표를 찍지 않는다.)

예 Willst du ein Eis oder einen Tee?   너는 아이스크림을 원하니 아니면 차를 원하니?

In meiner Freizeit gehe ich einkaufen oder bleibe zu Hause.

나의 여가시간에 나는 쇼핑을 가거나 집에 머무른다.

denn 왜냐하면 ~이기 때문에

⑩ Ich gehe heute nicht zur Schule, denn ich bin krank.

나는 오늘 학교에 가지 않는다, 왜냐하면 나는 아프기 때문이다.

Das ist kein Problem, denn wir haben noch Zeit.

그것은 문제가 아니다, 왜냐하면 우리는 아직 시간이 있기 때문이다.

sondern ~가 아니라 (*앞 문장 부정)

⑩ Ich habe keine Tochter, sondern einen Sohn.

나는 딸이 있는 게 아니라 아들이 있다.

Er kommt nicht heute, sondern er kommt morgen.

그는 오늘 오는 게 아니라 내일 온다.

2 부사적 접속사(접속부사)

문장 구성 성분 중 한 자리를 차지하는 품사이기 때문에, 앞 문장을 잇는 자리에 이 부사적 접속사가 들어갈 경우, 어순은 앞 문장, [부사적 접속사+뒤 문장의 동사+주어]가 된다. 반드시 쉼표로 연결한다.

deshalb/deswegen/daher/darum 그래서, 그렇기 때문에

⑩ Es regnet stark, deshalb bleibe ich zu Hause.

비가 강하게 온다, 그래서 나는 집에 머무른다.

Sie hat Kopfschmerzen, deswegen kann sie nicht zur Schule gehen.

그녀는 두통을 가지고 있다, 그래서 학교에 갈 수 없다.

Meine Tante lebt im Ausland, daher sehe ich sie nicht oft.

나의 이모는 외국에 산다, 그래서 나는 그녀를 자주 보지 못한다.

Ich möchte in Deutschland arbeiten, darum lerne ich fleißig Deutsch.
나는 독일에서 일하고 싶다, 그래서 열심히 독일어를 공부한다.

trotzdem 그럼에도 불구하고

예) Es regnet, trotzdem gehe ich aus.   비가 온다, 그럼에도 불구하고 나는 나간다.

Jan verdient nicht viel Geld, aber trotzdem ist er mit seinem Leben zufrieden.   Jan은 많은 돈을 벌지 못한다, 그럼에도 불구하고 그는 그의 삶에 만족한다.

jedoch/dennoch 그러나

예) Der Student studiert Medizin, jedoch will er nicht Arzt werden.
그 대학생은 의학을 전공한다, 하지만 그는 의사가 되고 싶지 않다.

Ich kann gut Deutsch, dennoch lerne ich jeden Tag 2 Stunden.
나는 독일어를 잘 한다, 하지만 나는 매일 두 시간씩 공부한다.

dann/danach 그러면, 그리고 나서 / 그 후에

예) Meine Schwester räumt die Wohnung auf, dann gehen wir zusammen ins Kino.   나의 여동생은 집을 청소한다, 그리고 나서 우리는 함께 영화관에 간다.

Ich wasche mein Auto, danach fahre ich nach Berlin.
나는 나의 자동차를 씻는다, 그리고 나서 베를린으로 간다.

sonst 그러지 않으면

예) Du solltest jetzt schlafen, sonst wirst du morgen sehr müde.
너는 지금 자야 해, 그러지 않으면 너는 내일 매우 피곤해질 거야.

also 그러니까, 즉, 그러므로

예) Wir haben nicht so viel Zeit, also machen wir das nicht.
우리는 그렇게 많은 시간이 없다, 그러므로 우리는 그것을 하지 않는다.

3 종속 접속사

종속 접속사가 이끄는 문장(종속절)에서 동사는 반드시 후치된다. 종속절은 문장 내에서 한 자리를 차지하는 것으로 간주된다. 즉, 종속절로 문장을 시작할 경우, [종속절+주절의 동사+주절의 주어] 순으로 문장이 구성된다.

dass ~라는 것

영어의 that절과 쓰임이 같다. "~가 ~라는 것을"이라는 뜻도 되고 "~가 ~라는 것이"라는 뜻도 된다.

- Ich weiß, dass du in Korea arbeitest.   나는 안다, 네가 한국에서 일한다는 것을.

  Es ist sehr schön, dass ich dich kennen lerne.

  내가 너를 알게 된 것이 매우 좋다.

weil/da 왜냐하면 ~이기 때문에

weil/da 종속절은 문장 앞에 붙어도 되고 뒤에 붙어도 된다. 둘 다 이유를 나타내지만 da는 그 이유가 실제 사실이라는 뉘앙스를 강조한다.

- Weil er krank ist, kommt er heute nicht.
  Er kommt heute nicht, weil er krank ist. 그는 아프기 때문에 오늘 오지 않는다.

  Da es viel regnet, bleiben wir zu Haus.

  비가 많이 오기 때문에 우리는 집에 머무른다.

wenn 만약에 ~라면, ~할 때면

조건이나 가정을 나타낸다.

- Wenn du morgen kommst, gehen wir zusammen spazieren.

  네가 내일 온다면, 우리는 함께 산책하러 가자.

  Du kannst Computerspiele spielen, wenn du die Hausaufgaben fertig machst.   네가 그 숙제를 완전히 다 한다면 너는 컴퓨터 게임을 할 수 있다.

(**obwohl/auch wenn/selbst wenn**)　비록 ~일지라도

예) **Obwohl** er nicht reich war, war er zufrieden mit dem Leben.
　　　　　　　　　그가 부유하지는 않았으나 그는 삶에 만족했다.

Ich schlage dir einen Spaziergang vor, **auch wenn** du darauf keine Lust hast.　　나는 너에게 산책을 제안한다, 비록 네가 그것에 흥미가 없을지라도.

Selbst wenn sie keinen Plan hat, können wir mit ihr zusammenarbeiten.
　　　　　비록 그녀가 계획이 없을지라도, 우리는 그녀와 함께 일할 수 있다.

(**als**)　~었을 때

과거의 한 시점을 나타낸다.

예) **Als** ich klein war, hatte ich einen Traum.
　　　　　　　　　내가 어렸을 때 나는 꿈을 하나 가지고 있었다.

Als du mich angerufen hast, war ich nicht zu Hause.
　　　　　　　　　네가 나에게 전화했을 때 나는 집에 없었다.

(**während**)　~하는 동안에, ~하는 한편

동시에 두 가지 일이 진행될 때 쓰이며 영어의 while과 쓰임이 같다.

예) **Während** ich im Garten arbeite, kocht mein Bruder in der Küche.
　　　　　내가 정원에서 일하는 동안 나의 남자형제는 부엌에서 요리를 한다.

Die Schüler in Deutschland haben großes Interesse an Naturwissenschaften, **während** die Schüler in Korea eher an Geisteswissenschaften interessiert sind.
　　　　　한국의 학생들이 인문과학에 흥미를 가지고 있는 반면,
　　　　　독일의 학생들은 자연과학에 큰 흥미를 가지고 있다.

falls ~한 경우에

wenn과 의미가 비슷하다. 공식적인 상황에서 더 많이 쓰이는 접속사이다.

예 Bitte rufen Sie mich an, falls Sie es nicht verstehen.
당신이 그것을 이해하지 못할 경우 저에게 전화 주세요.

Falls es morgen regnet, sagen wir den Termin ab.
내일 비가 올 경우 우리는 그 일정을 취소한다.

indem ~함으로써

예 Sie hat ihr Sprachkenntnis verbessert, indem sie jeden Tag mit einem Lehrer gelernt hat.
그녀는 한 선생님과 매일 공부함으로써 그녀의 어학실력을 향상시켰다.

Indem wir Mehrwegflaschen benutzen, können wir die Umwelt schützen.
우리가 다회용기(병)를 사용함으로써 우리는 환경을 보호할 수 있다.

seit / seitdem ~한 이래로

예 Seit ich den Film sah, mag ich den Schauspieler.
내가 그 영화를 보고 난 이래로 나는 그 배우를 좋아한다.

Seitdem er eine Stelle bekam, verdient er genug Geld.
그가 일자리를 얻고 나서부터 그는 충분한 돈을 번다.

bevor ~하기 전에

예 Bevor du mit der Arbeit anfängst, kannst du einen Kaffee haben.
네가 일을 시작하기 전에 너는 커피 한 잔을 마실 수 있다.

Wir haben die Hausaufgaben gemacht, bevor unser Lehrer kommt.
우리 선생님이 오기 전에 우리는 숙제를 했다.

nachdem   ~하고 나서, ~한 후에

일의 전후관계를 나타낼 때 쓰는 접속사이다. 과거 사실의 기술할 때는 더 먼저 일어난 시제(대과거)를 쓸 때 주의해야 한다. 현재보다 더 이전에 일어난 일은 '현재완료'로(현재의 대과거는 현재완료 시제), 과거보다 더 이전에 일어난 일은 '과거완료'로(과거의 대과거는 과거완료 시제) 기술해야 한다. nachdem이 이끄는 문장은 항상 '대과거'로 쓰인다.

- Nachdem sie die Schule abgeschlossen hatte, fand sie einen Job.
  그녀가 학교를 졸업하고 난 후에 그녀는 하나의 일을 찾았다.

  Kommst du auch mit, nachdem du dein Fahrrad repariert hast?
  네 자전거를 수리한 후에 함께 갈래?

bis   ~할 때까지

- Es hat lange gedauert, bis der Zug wieder kommt.
  그 기차가 올 때까지 오랜 시간이 걸렸다.

  Ich warte hier, bis sie zurückkommt.
  그녀가 돌아올 때까지 나는 여기에서 기다린다.

solange   ~하는 한

- Solange du da bist, habe ich keine Angst.   네가 있는 한 나는 무섭지 않아.
  Es irrt der Mensch, solange er strebt.
  인간은 노력하는 한 방황하기 마련이다. (괴테의 『파우스트』에서)

3 상관 접속사

상관접속사란 두 개의 [접속사+부사] 혹은 [부사+접속사], [부사+부사] 세트로서 하나의 특별한 뜻을 만들어주는 것이다. 적절한 예문을 통해 하나의 통으로 학습하는 것이 바람직하다.

nicht nur A, sondern auch B   A 뿐만이 아니라 B도 역시 그러하다

예 Er ist nicht nur nett, sondern auch schön.

그는 친절할 뿐만이 아니라 멋지기까지 하다.

sowohl A als auch B   A 뿐만이 아니라 B도 역시 그러하다

예 Das Haus ist sowohl groß als auch sehr hell.

이 집은 클 뿐만이 아니라 밝기도 하다.

entweder A oder B   A와 B 중 둘 중 하나. A 아니면 B

예 Du kannst entweder schlafen oder fernsehen.

너는 잠을 자거나 TV를 볼 수 있다.

weder A noch B   A도 B도 아니다

예 Ich habe weder Zeit noch Geld.   나는 시간도 돈도 없다.

풀어보기

❖ 다음 우리말에 맞게 독일어로 작문해 보세요.
(가능한 모든 접속사를 넣어서 다양하게 작문해 보세요.)

01
비가 오지만 나는 기분이 좋다.
gut gelaunt sein: 기분이 좋다

➡ _____

➡ _____

02
나의 엄마가 집을 청소하는 동안 나는 독일어를 공부한다.
집: die Wohnung

➡ _____

➡ _____

03
나는 독일에 지 않는다, 왜냐하면 나는 돈도 시간도 없기 때문이다.
독일로: nach Deutschland / 가다: gehen, fahren, fliegen 다 가능

➡ _____

➡ _____

04

비록 나는 젊지만 많은 것을 해낸다.

많은 것: vieles / 해내다: schaffen

➡ _____

➡ _____

05

너의 엄마가 오시기 전에 너는 일어난다.

일어나다: aufstehen

➡ _____

➡ _____

06

네가 시간이 있다면 우리는 함께 영화관에 간다.

함께: zusammen

➡ _____

➡ _____

풀어보기

07
> 비가 오는 한 아이들은 밖으로 가지 않는다.
> 밖으로: nach draußen

➡ _____

➡ _____

08
> 그는 가난하지만 그럼에도 불구하고 그는 행복하다.
> 행복한: glücklich

➡ _____

➡ _____

09
> 네가 오지 않는다는 것이 유감스럽다.
> 유감스러운: schade

➡ _____

➡ _____

10

내가 10살이었을 때 나는 고양이 하나를 가지고 있었다.

~이었다: war / 가지고 있었다: hatte

➡ _____

➡ _____

해설

01 Es regnet, aber ich bin gut gelaunt. | Es regnet, trotzdem bin ich gut gelaunt.
02 Während meine Mutter die Wohnung aufräumt, lerne ich Deutsch. |
    Ich lerne Deutsch, während meine Mutter die Wohnung aufräumt.
03 Ich gehe/fahre/fliege nicht nach Deutschland, denn ich habe weder Geld noch Zeit.
    | Ich gehe/fahre/fliege nicht nach Deutschland, weil ich weder Geld noch Zeit habe.
04 Obwohl ich jung bin, schaffe ich vieles. | Ich schaffe vieles, obwohl ich jung bin.
05 Bevor deine Mutter kommt, stehst du auf. |
    Du stehst auf, bevor deine Mutter kommt.
06 Wenn du Zeit hast, gehen wir zusammen ins Kino. |
    Wir gehen zusammen ins Kino, wenn du Zeit hast.
07 Solange es regnet, gehen die Kinder nicht nach draußen. |
    Die Kinder gehen nicht nach draußen, solange es regnet.
08 Er ist arm, trotzdem ist er glücklich. | Obwohl er arm ist, ist er glücklich.
09 Es ist schade, dass du nicht kommst. | Dass du nicht kommst, ist schade.
10 Als ich 10 Jahre alt war, hatte ich eine Katze. |
    Ich hatte eine Katze, als ich 10 Jahre alt war.

12 시제: 과거, 현재완료

기본학습

독일어에서 일반적으로 과거 사실을 이야기할 때 대부분 현재완료형을 쓴다. 특히 구어체에서는 현재완료를 쓰는 편이지만, 과거형만으로 쓰는 동사들도 있기 때문에 이번에는 과거형과 현재완료를 만들기 위한 동사의 3요형(현재–과거–과거분사)을 살펴보고, 과거형과 현재완료를 만드는 방법에 대해 공부해 보고자 한다.

1 동사의 3요형

- 동사원형(현재형): 어간 + n/en
- 규칙동사의 과거형: 어간 + te
- 규칙동사의 과거분사: ge + 어간 + t

현재형	과거	과거분사
mach**en**	mach**te**	**ge**macht

- 불규칙동사의 과거형: 예측할 수 없는 형태
- 불규칙동사의 과거분사형: ge + 변형된 어간 + en/t

현재형	과거	과거분사
geh**en**	ging	**ge**gang**en**

▶ gehen의 과거시제 ging의 인칭별 변화

ich	ging	wir	gingen
du	gingst	ihr	gingt
er/sie/es	ging	sie/Sie	gingen

- 분리동사의 과거분사는 동사의 과거분사 앞에 분리전철을 바로 붙여준다.

  예 machen(행하다)의 과거분사: gemacht
  aufmachen(열다)의 과거분사: aufgemacht

- 과거분사에 ge가 붙지 않는 경우:

  ▶ 비분리동사일 때

  예 besuchen(방문하다)의 과거분사: suchen동사의 과거분사인 gesucht에서 ge자리에 be를 넣어서 완성 → besucht

  ▶ ~ieren으로 끝나는 동사

  예 studieren(전공하다) → studiert
  telefonieren(통화하다) → telefoniert
  reparieren(수리하다) → repariert
  informieren(정보를 주다) → informiert

2 동사의 과거형

- 과거형은 대표적으로 ich의 형태를 둔다.
- 동사의 과거형은 ich(1인칭 단수)와 er/sie/es(3인칭 단수)의 형태가 동일하다.
- 동사의 과거형은 인칭별로 어미가 변화한다.

ich	-	wir	(e)n
du	st	ihr	t
er/sie/es	-	sie/Sie	(e)n

예 Ich machte eine Reise. 　　　　　　나는 여행을 했다.(*eine Reise machen: 여행하다)

Machtest du auch eine Reise? 　　　　　　　　　너도 여행을 했니?

Er machte eine Reise. 　　　　　　　　　　　그는 여행을 했다.

Wir machten eine Reise. 　　　　　　　　　　우리는 여행을 했다.

Ihr machtet eine Reise. 　　　　　　　　　너희들은 여행을 했다.

Sie machten eine Reise. 　　　　　　그들은(당신은) 여행을 했다.

* 일반적인 동사들은 과거시제보다는 현재완료 시제로 과거사실을 더 자주 표현한다. 특히 구어체에서는 대부분 현재완료로만 쓰인다고 해도 과언이 아니다. 하지만 일부 동사들은 일반 과거시제가 오히려 더 자주 쓰이는데, 그 중 몇 개를 소개한다.

sein(있다/이다)의 과거

ich	war	wir	waren
du	warst	ihr	wart
er/sie/es	war	sie/Sie	waren

예 Wo warst du letzten Sommer? 너는 지난 여름에 어디에 있었니(어디 갔니)?

Ich war in Deutschland. 나는 독일에 있었어.

haben(가지다)의 과거

ich	hatte	wir	hatten
du	hattest	ihr	hattet
er/sie/es	hatte	sie/Sie	hatten

예 Hattet ihr viel Spaß? 너희들 재미있었니?
(Spaß haben: 재미를 가지다/재미있는 시간을 가지다)

Ja, wir hatten echt viel Spaß! 응, 우리 정말 재미있었어!

Es gibt(~이 있다)의 과거

ich	gab	wir	gaben
du	gabst	ihr	gabt
er/sie/es	gab	sie/Sie	gaben

예 Es gab viele Leute auf der Straße. 길 위에 사람들이 많이 있었다.

3 자주 쓰이는 불규칙동사 3요형

의미	원형	과거	과거분사(완료형)
부탁하다	bitten	bat	hat gebeten
머무르다	bleiben	blieb	ist geblieben
가져오다	bringen	brachte	hat gebracht
생각하다	denken	dachte	hat gedacht
먹다	essen	aß	hat gegessen
차를 타고 가다	fahren	fuhr	ist gefahren
떨어지다	fallen	fiel	ist gefallen
잡다	fangen	fing	hat gefangen
생각하다, 발견하다, 찾다	finden	fand	hat gefunden
날다, 비행하다	fliegen	flog	ist geflogen
주다	geben	gab	hat gegeben
가다	gehen	ging	ist gegangen
가지고 있다	haben	hatte	hat gehabt
돕다	helfen	half	hat geholfen
오다	kommen	kam	ist gekommen
달리다	laufen	lief	ist gelaufen
읽다	lesen	las	hat gelesen
택하다, 취하다	nehmen	nahm	hat genommen
잠자다	schlafen	schlief	hat geschlafen
쓰다	schreiben	schrieb	hat geschrieben
수영하다	schwimmen	schwamm	hat/ist geschwommen
보다	sehen	sah	hat gesehen
~이다, 있다	sein	war	ist gewesen

노래하다	singen	sang	hat gesungen
말하다	sprechen	sprach	hat gesprochen
오르다	steigen	stieg	ist gestiegen
만나다	treffen	traf	hat getroffen
마시다	trinken	trank	hat getrunken
잊다	vergessen	vergaß	hat vergessen
~이 되다	werden	wurde	ist geworden
알다	wissen	wusste	hat gewusst
비가 오다	regnen	regnete	hat geregnet
전화를 걸다	anrufen	rief an	hat angerufen
잠이 들다	einschlafen	schlief ein	ist eingeschlafen
일이 일어나다	passieren	passierte	ist passiert
도착하다	ankommen	kam an	ist angekommen
일어나다	aufstehen	stand auf	ist aufgestanden
받다	bekommen	bekam	hat bekommen
TV를 보다	fernsehen	sah fern	hat ferngesehen
대학을 다니다	studieren	studierte	hat studiert
이해하다	verstehen	verstand	hat verstanden

4 현재완료

과거 사실을 이야기할 때 자주 쓰이는 현재완료 시제는 두 종류가 있다.

haben 결합 현재완료

일반 행위, 화법조동사, 재귀동사, 타동사가 현재완료로 쓰일 때 haben을 주어에 맞게 변화시키고 동사의 과거분사를 문장 마지막에 후치시킨다.

예) Gestern habe ich getanzt. 어제 나는 춤췄다.

　　Meine Mutter hat ein koreanisches Gericht gekocht.
　　　　　　　　　　　　　　　　　　나의 엄마는 하나의 한식 요리를 요리했다.

　　Er hat in Deutschland Philosophie studiert.　그는 독일에서 철학을 전공했다.

　　Wir haben den ganzen Tag zu Hause ferngesehen.
　　　　　　　　　　　　　　　　　　우리는 하루 종일 집에서 TV를 보았다.

sein 결합 현재완료

장소의 이동, 상태의 변화, bleiben(머무르다), sein(~이다) 동사는 현재완료로 쓰일 때 sein을 주어에 맞게 변화시키고 동사의 과거분사를 문장 마지막에 후치시킨다.

예) Er ist gestern nach Berlin gefahren.　　그는 어제 베를린으로 갔다.

　　In Dresden bin ich umgestiegen.　　　나는 드레스덴에서 환승했다.

　　Ich bin gestern um 12 Uhr eingeschlafen.　나는 어제 12시에 잠 들었다.

　　Sie ist nun Mutter geworden.　　　　　그녀는 이제 엄마가 되었다.

풀어보기

❖ 다음 우리말에 맞게 과거시제와 현재완료시제로 각각 작문하세요.

01

나는 어제 나의 엄마와 슈퍼마켓에서 장을 봤다.

einkaufen

➡ _____

➡ _____

02

너는 지난 주에 어디에 갔었니?

letzte Woche

➡ _____

➡ _____

03

그녀는 그녀의 남자형제와 공원에 산책을 하러 갔다.

➡ _____

➡ _____

04

나는 하루 종일 TV를 보았다.
den ganzen Tag

➡ _____

➡ _____

05

그는 그녀의 가방을 붙잡았다.
halten

➡ _____

➡ _____

06

우리는 좋은 시간을 가졌다.
schöne Zeit

➡ _____

➡ _____

풀어보기

07

네가 먼저 시작했다.
zuerst

➡ _____

➡ _____

08

나는 하나의 코트를 선택했다.

➡ _____

➡ _____

09

나의 어머니는 침실에서 책을 읽었다.

➡ _____

➡ _____

10

우리는 함께 교회로 갔다.

zusammen

◯ _____

◯ _____

해설

01 Ich kaufte gestern mit meiner Mutter im Supermarkt ein. |
    Ich habe gestern mit meiner Mutter im Supermarkt eingekauft.
02 Wohin gingst du letzte Woche? |
    Wohin bist du letzte Woche gegangen?
03 Sie ging mit ihrem Bruder im Park spazieren. |
    Sie ist mit ihrem Bruder im Park spazieren gegangen.
04 Ich sah den ganzen Tag fern. | Ich habe den ganzen Tag ferngesehen.
05 Er hielt ihre Tasche. | Er hat ihre Tasche gehalten.
06 Wir hatten schöne Zeit. | Wir haben schöne Zeit gehabt.
07 Du fingst zuerst an. | Du hast zuerst angefangen.
08 Ich nahm einen Mantel. | Ich habe einen Mantel genommen.
09 Meine Mutter las ein Buch im Schlafzimmer. |
    Meine Mutter hat ein Buch im Schlafzimmer gelesen.
10 Wir gingen zusammen in die Kirche. |
    Wir sind zusammen in die Kirche gegangen.

13 시제: 과거완료, 미래, 미래완료

기본학습

독일어 시제는 총 여섯 개이다. 앞서 현재, 과거, 현재완료를 다루었고 이번에는 나머지 과거완료, 미래, 미래완료에 대해 다루게 된다.

1 과거완료

과거완료는 해석할 때 특별한 다른 점은 없다. 다만 과거 사실을 이야기할 때 더 먼저 일어난 일에 대하여 쓸 수 있는 시제이다. 과거완료는 원칙적으로 과거 시제보다 더 전에 일어난 사실을 기술할 때 쓰는 시제이지만, 독일어의 과거시제는 사실상 현재완료와 동일한 시제로 여겨지므로, 구어체에서는 과거와 현재완료의 대과거로서 과거완료가 쓰인다. 주로 시간의 차이를 나타내는 접속사와 함께 쓰인다. 과거완료는 현재완료 시제에서 haben/sein 부분을 과거형으로 만들어 준다.

ich	hatte / war		
du	hattest / warst		
er/sie/es	hatte / war	나머지 문장성분	동사의 과거분사 (후치)
wir	hatten / waren		
ihr	hattet / wart		
Sie	hatten / waren		

예) Nachdem ich rausgegangen war, kam er nach Hause.
(Nachdem ich rausgegangen war, ist er nach Hause gekommen.)
　　　　　　　　　　　　　　　　내가 나가고 나서 그가 집으로 왔다.

　Ich hatte alle Aufgaben gemacht, bevor mein Chef kam.
　　　　　　　　　　　　나의 상사가 오기 전에 나는 모든 과업을 해 두었다.

2 미래

미래시제는 앞으로 정해진 미래의 계획을 기술할 때 쓰는 시제이다. 화법조동사의 wollen과 미래시제를 많이 혼동하는 경향이 있다. 화법조동사의 wollen은 미래성을 띠고는 있으나 화자의 의지를 표명하는 것에 더 중점을 둔다. 미래시제는 의지의 문제라고 하기 보다는 시점상 미래에 일어날 일에 대해 기술하는 시제이고 "~할 것이다"라는 뜻으로 번역된다. 미래시제는 werden에 동사원형을 후치하여 결합한다.

ich	werde	나머지 문장성분	동사의 원형 (후치)
du	wirst		
er/sie/es	wird		
wir	werden		
ihr	werdet		
Sie	werden		

예 Morgen wird es regnen.   내일 비가 올 것이다.

In 10 Jahren werde ich in Deutschland leben.
10년 후에 나는 독일에서 살 것이다.

Die Zahl wird im Jahr 2050 abnehmen.   2050년에는 그 숫자가 줄어들 것이다.

Peter wird ab morgen in Italien arbeiten.
Peter는 내일부터 이탈리아에서 일하게 될 것이다.

Herr Schmidt wird Frau Wagner im nächsten Jahr heiraten.
Schmidt씨는 Wagner씨와 내년에 결혼할 것이다.

Werdet ihr dann nach zwei Monaten hier als Austauschstudenten studieren?   너희들은 그러면 두 달 후에 여기에서 교환학생으로서 대학에 다닐 것이니?

3 미래완료

미래완료 시제는 미래에 어떤 일이 완료, 즉 마무리된 상태일 것이라는 것을 강하게 추측할 때 쓰는 시제이다. 흔하게 일상적으로 쓰이는 시제는 아니며 전문 서적이나 보고서 등에 앞으로의 일을 추측할 때 쓰는 시제이므로, 자주 눈에 띄지는 않을 것이다. 하지만 독일어 시제 중에 하나이기 때문에 반드시 잘 알고 있어야 한다.

미래완료 시제는 werden에 현재완료를 후치하여 결합한다. 현재완료에는 haben결합과 sein결합이 따로 존재하므로 이 결합에 유의하도록 한다. 문장 맨 마지막에 오는 haben과 sein은 원형으로 고정되어 있다.

ich	werde			
du	wirst			
er/sie/es	wird	나머지 문장성분	동사의 과거분사	haben sein
wir	werden			
ihr	werdet			
Sie	werden			

예) Die Forscher werden sicherlich in 2 Wochen die Berichte abgegeben haben. 그 연구원들은 분명히 2주 후에 그 보고서들을 제출한 상태일 것이다.

Die Frau wird nach 3 Jahren schon in die USA gegangen sein.
그 여자는 3년 후에 이미 미국으로 간 상태일 것이다.

Bis zu diesem Sommer werden sie mit der Schule fertig gewesen sein.
이번 여름까지 그들은 학교를 졸업한 상태일 것이다.

Diese Geheimnisse wird Sara jemandem anderen schon gesagt haben.
Sara는 이 비밀들을 다른 누군가에게 이미 말했을 것이다.

Mein Sohn wird die Prüfung bestanden haben.
나의 아들은 그 시험을 통과한 상태일 것이다.

MEMO

풀어보기

❖ 다음 우리말에 맞게 주어진 시제로 독일어로 작문해 보세요.

01

나의 엄마는 나를 위해 수프를 요리한 뒤 여행을 떠났다.

여행을 떠나다: verreisen 과거완료-현재완료

➡ _____

02

그가 Wahlheim으로 이사 오고 나서 많은 것들이 바뀌었다.

과거완료-과거

➡ _____

03

Olaf는 그녀에게 (이미) 문의한 상태일 것이다.

미래완료

➡ _____

04
> 내일은 눈이 많이 올 것이다.
> 미래

◉ _____

05
> 나는 내일부터 독일어 공부를 열심히 할 것이다.
> 미래

◉ _____

06
> 3년 후에는 그녀가 한국으로 왔을 것이다.
> 미래완료

◉ _____

풀어보기

07

> 그는 이미 컴퓨터를 산 상태일 것이다.
>
> 미래완료

➡ _____

08

> 나는 내일 내 의자를 팔 것이다.
>
> 미래

➡ _____

09

> 그가 나에게 그의 의자를 팔고 나서 새 의자를 하나 샀다.
>
> 과거완료-과거

➡ _____

10

우리의 딸은 내년에 유치원에 간다.

미래

◆ _____

해설

01　Meine Mutter hat verreist, nachdem sie für mich eine Suppe gekocht hatte.
02　Nachdem er nach Wahlheim umgezogen war, änderte sich vieles.
03　Olaf wird sie schon gefragt haben.
04　Morgen wird es viel schneien.
05　Ich werde ab morgen fleißig Deutsch lernen.
06　In 3 Jahren wird sie nach Korea gekommen sein.
07　Er wird schon einen Computer gekauft haben.
08　Ich werden morgen meinen Stuhl verkaufen.
09　Nachdem er mir seinen Stuhl verkauft hatte, kaufte er einen neuen Stuhl.
10　Unsere Tochter wird nächstes Jahr in den Kindergarten.

14 명령법

기본학습

독일어의 명령법은 총 세 가지가 존재한다. 명령이란 2인칭, 즉 대화의 상대에게 쓰는 형태이고, 독일어의 2인칭은 총 세 가지가 존재하기 때문이다. (du, ihr, Sie)

각 인칭별로 명령형이 상이하다. 기본적인 명령법의 형태는 다음과 같다.

du	ihr	Sie
동사의 어간! (*불규칙 동사의 경우 변화 *어간의 끝음에 따라 e 추가)	동사의 ihr형!	동사의 원형 + Sie!

1 du에 대한 명령형

- 주어인 du 생략
- 동사의 du 형태에서 어미인 st 생략
- 불규칙 동사의 du 형태에서 추가된 Umlaut 생략
- 불규칙 동사의 변형된 어간 그대로 st만 생략
- 추가적인 문장성분은 뒤에 차례로

2 ihr에 대한 명령형

- 주어인 ihr 생략
- 동사의 ihr 형태로 명령
- 추가적인 문장성분은 뒤에 차례로

3 ihr에 대한 명령형

- 주어인 Sie 절대 생략하지 않음

- 동사의 원형 + Sie + 추가적인 문장성분

※참고: wir로 할 수 있는 제안문 ~하자! (동사원형+wir+나머지 문장성분)

명령형 예시

동사원형	du	ihr	Sie
kommen 오다	Komm!	Kommt!	Kommen Sie!
gehen 가다	Geh!	Geht!	Gehen Sie!
bleiben 머무르다	Bleib!	Bleibt!	Bleiben Sie!
trinken 마시다	Trink!	Trinkt!	Trinken Sie!
rufen 부르다	Ruf!	Ruft!	Rufen Sie!
träumen 꿈꾸다	Träum!	Träumt!	Träumen Sie!
denken 생각하다	Denk!	Denkt!	Denken Sie!
glauben 믿다	Glaub!	Glaubt!	Glauben Sie!
suchen 찾다	Such!	Sucht!	Suchen Sie!
singen 노래하다	Sing!	Singt!	Singen Sie!

어간 끝음에 따라 e 추가(du 명령문)

동사의 어간이 -d/t/chn/tm/fn/gn 으로 끝나면 e가 붙는다.

동사원형	du	ihr	Sie
reden 말하다	Rede!	Redet!	Reden Sie!
arbeiten 일하다	Arbeite!	Arbeitet!	Arbeiten Sie!
rechnen 계산하다	Rechne!	Rechnet!	Rechnen Sie!
atmen 숨쉬다	Atme!	Atmet!	Atmen Sie!
öffnen 열다	Ööffne!	Ööffnet!	Ööffnen Sie!
entschuldigen 용서하다	Entschuldige!	Entschuldigt!	Entschuldigen Sie!

동사가 -eln 으로 끝나면 앞의 e가 탈락하고 뒤에 e가 붙는다.

동사원형	du	ihr	Sie
sammeln 모으다	Sammle!	Sammelt!	Sammeln Sie!
handeln 다루다	Handle!	Handelt!	Handeln Sie!

어간이 불규칙한 동사

동사의 어간이 불규칙할 경우 Umlaut는 없어지고, e ➡ i/ie로 바뀐 어간은 바뀐 형태로 쓴다.

동사원형	du	ihr	Sie
fahren 타고 가다	Fahr!	Fahrt!	Fahren Sie!
laufen 뛰다	Lauf!	Lauft!	Laufen Sie!
lassen ~하게 하다	Lass!	Lasst!	Lassen Sie!
sehen 보다	Sieh!	Seht!	Sehen Sie!
essen 먹다	Iss!	Esst!	Essen Sie!
empfehlen 추천하다	Empfiehl!	Empfehlt!	Empfehlen Sie!
lesen 읽다	Lies!	Lest!	Lesen Sie!
geben 주다	Gib!	Gebt!	Geben Sie!
nehmen 취하다	Nimm!	Nehmt!	Nehmen Sie!

특별한 불규칙 동사

동사원형	du	ihr	Sie
haben 가지다	Hab!	Habt!	Haben Sie!
sein 이다, 있다	Sei!	Seid!	Seien Sie!
werden 되다	Werde!	Werdet!	Werden Sie!

> 추가적인 참고 사항

① 누구에게 명령하는지를 파악하고 호칭이나 관계를 파악하여 적절히 선택
　　du: 가족, 친척, 친구, 아이, 이름 부르는 사이(문장 안에 dein, dir, dich)
　　ihr: du 명령의 복수의 대상에게 사용(Kinder, Leute, 문장 안에 euer, euch)
　　Sie: 낯설거나 먼 사이, 존칭하는 사이(Herr, Frau), 공식적인 자리(문장 안에 Ihnen, Ihr, Sie)

② 소유관사, 인칭대명사, 재귀대명사 등의 인칭과 명령형의 인칭은 동일하게 한다.

- **Grüßen Sie Ihre Eltern von mir!**　　당신의 부모님께 저의 인사를 전해주세요!
- **Grüß deine Eltern von mir!**　　　　너의 부모님께 나의 인사를 전해줘!

③ 명령문에 mal(한번~해봐), doch(좀~해봐)를 추가하여 어조를 자연스럽고 부드럽게 만들 수 있다.

④ lassen 동사를 활용하여 청유문을 만들 수 있다. 영어의 Let's와 쓰임이 같은데, 독일어에서는 후치하여 활용한다.

	함께 테니스 치자고 제안하는 표현
du	Lass uns zusammen Tennis spielen!
ihr	Lasst uns zusammen Tennis spielen!
Sie	Lassen Sie uns zusammen Tennis spielen!

풀어보기

❖ 다음 우리말에 맞게 독일어로 작문해 보세요.

01
> 아이들아, 함께 가자!
> wir 제안문 활용

➡ _____

02
> 잘 자, 내 친구!

➡ _____

03
> 여러분, 이 책을 읽으세요!

➡ _____

04

나에게 그 가방을 줘.

du

> _____

05

나의 학생들아, 행복해져라!

> _____

06

우리 함께 영화관에 가자!

du

> _____

풀어보기

07

좋은 경험을 많이 모아라, 나의 아들아!
경험: Erfahrung

➡ _____

08

물을 많이 마시세요!

➡ _____

09

너희들 열심히 공부하렴!

➡ _____

10 약을 먹어라!

Medikamente nehmen (du)

해설

01　Kinder, gehen wir zusammen!
02　Schlaf gut, mein Freund!
03　Leute, lesen Sie das Buch!
04　Gib mir die Tasche!
05　Meine Schüler, werdet glücklich!
06　Lass uns zusammen ins Kino gehen!
07　Sammle viele gute Erfahrungen, mein Sohn!
08　Trinken Sie viel Wasser!
09　Lernt fleißig!
10　Nimm Medikamente!

15 화법조동사

기본학습

화법조동사는 영어의 조동사와 같이 문장의 뜻을 폭넓게 만들어 주는 품사이다. 영어의 경우와 마찬가지로 동사원형을 받지만, 동사원형의 위치는 문장 맨 마지막으로 후치된다. 화법조동사의 종류를 인칭별 형태로 먼저 살펴본 후 각 화법조동사의 뜻과 쓰임을 예문을 통해 공부해 보자.

1 화법조동사 현재형

원형	können	dürfen	müssen	sollen	wollen	mögen	möchten
의미	능력	허가	의무	도덕적 의무	의지, 희망	기호, 추측	희망
ich	kann	darf	muss	soll	will	mag	möchte
du	kannst	darfst	musst	sollst	willst	magst	möchtest
er/sie/es	kann	darf	muss	soll	will	mag	möchte
wir	können	dürfen	müssen	sollen	wollen	mögen	möchten
ihr	könnt	dürft	müsst	sollt	wollt	mögt	möchtet
sie/Sie	können	dürfen	müssen	sollen	wollen	mögen	möchten

* 화법조동사는 1인칭 단수와 3인칭 단수의 형태가 같다.
* 단수 인칭에서 대부분 불규칙하게 변하지만 일반 동사들과 마찬가지로 복수 인칭에서는 규칙대로 변한다.
* möchten은 mögen의 접속법 ②식으로 만들어진 화법조동사이며 현재형만 존재한다.

2 화법조동사 과거형

원형	konnten	durften	mussten	sollten	wollten	mochten
의미	~할 수 있었다	~해도 됐다	~해야만 했다	~해야 했다	~하고자 했다	좋아했다
ich	konnte	durfte	musste	sollte	wollte	mochte
du	konntest	durftest	musstest	solltest	wolltest	mochtest
er/sie/es	konnte	durfte	musste	sollte	wollte	mochte
wir	konnten	durften	mussten	sollten	wollten	mochten
ihr	konntet	durftet	musstet	solltet	wolltet	mochtet
sie/Sie	konnten	durften	mussten	sollten	wollten	mochten

3 화법조동사 과거분사

원형	können	dürfen	müssen	sollen	wollen	mögen
과거분사	gekonnt	gedurft	gemusst	gesollt	gewollt	gemocht

4 화법조동사의 시제

현재형

화법조동사의 현재형 + 다른 문장 성분 + 동사원형(후치)

Ich kann Klavier spielen. 나는 피아노를 칠 수 있어요.

주어	화법조동사의 현재형	다른 문장 성분	동사원형(후치)
Ich	kann	Klavier	spielen.

과거형

화법조동사의 과거형 + 다른 문장 성분 + 동사원형(후치)

예 Ich konnte Klavier spielen.   나는 피아노를 칠 수 있었어요.

주어	화법조동사의 과거형	다른 문장 성분	동사원형(후치)
Ich	konnte	Klavier	spielen.

현재완료형

haben + 동사원형 + 화법조동사원형

예 Ich habe Klavier spielen können.   나는 피아노를 칠 수 있었어요.

주어	haben	다른 문장 성분	동사원형	화법조동사원형
Ich	habe	Klavier	spielen	können.

주의 사항

* 독일어의 화법조동사는 동사원형을 취하지 않아도 의미가 통할 때 동사원형을 문장 마지막에 취하지 않는 경우가 있다. 예를 들어, Ich kann Deutsch sprechen.은 "나는 독일어를 말할 수 있다."라는 뜻의 문장인데, 이 문장을 Ich kann Deutsch.라고만 말해도 의미 전달이 되기 때문에 문법적으로 올바른 문장이다. 이런 경우 현재완료의 형태가 바뀐다.

haben + 다른 문장 성분 + 화법조동사의 과거분사

예 Ich habe Deutsch gekonnt.   나는 독일어를 할 수 있었어요.

주어	haben	다른 문장 성분	화법조동사 과거분사
Ich	habe	Deutsch	gekonnt.

5 화법조동사의 쓰임

können

"~할 수 있다"는 의미로 능력이나 가능성을 나타낼 때 쓰는 조동사

예 Er kann gut Ski fahren.   그는 스키를 잘 탄다.

    Können Sie mir helfen?   당신은 나를 도와줄 수 있습니까?

Sie kann mich gut verstehen.	그녀는 나를 잘 이해할 수 있다.
Was kannst du gut kochen?	너는 무엇을 잘 요리하니?
Früher konnte ich gut Klavier spielen.	예전에 나는 피아노를 잘 칠 수 있었다.
Damals hast du das Museum besuchen können.	그때에 너는 그 박물관을 방문할 수 있었다.
Meine Schwester hat gut Englisch gekonnt.	내 여자 형제는 영어를 잘 할 수 있었다.

dürfen

"~해도 된다"는 허가 사항을 나타내는 조동사. 부정의 nicht나 kein의 개념과 함께 쓰이면 허가가 부정되는 것이므로 '금지'의 표현이 됨.

Darf ich jetzt nach Hause gehen?	제가 지금 집에 가도 될까요?
Man darf hier nicht schwimmen.	여기에서는 수영하면 안 됩니다.
Sie dürfen hier nicht rauchen.	당신은 여기에서 흡연하면 안 됩니다.
Als Kind durfte ich nicht fernsehen.	어릴 때 나는 TV를 보면 안 됐다.
Dürfen die Kinder auf dem Spielplatz Fußball spielen?	아이들이 놀이터에서 축구를 해도 됩니까?
Was darf es sein?	뭐 드릴까요?(직역: 무엇이 있어도 좋을까요?)

müssen

"~해야만 한다"라는 절대적이고 순수한 의무를 나타내는 조동사. 영어의 must와 뜻이 유사하나, 부정 시에는 의무가 부정되는 것이므로 "~안 해도 된다"라는 의무로부터의 해방을 의미. 강한 추측의 표현도 됨.

Hier muss man langsam fahren.	여기에서는 전전히 운전해야만 한다.
Um 7:00 Uhr muss ich aufstehen.	나는 7시에 일어나야만 한다.
In Deutschland müssen die Kinder 9 Jahre in die Schule gehen.	독일에서 아이들은 9년간 학교에 가야 한다.
Heute muss ich nicht zur Schule gehen.	오늘 나는 학교에 안 가도 된다.

Damals musste ich lange warten.	그때 나는 오래 기다려야 했다.
Wir müssen für die Prüfung lernen.	우리는 시험을 위해 공부해야 한다.
Er muss sehr krank sein.	그는 매우 아픈 것임이 틀림 없다.

sollen

"~해야 한다"라는 의미이며, 타인의 의견이나 판단이 개입되어 발생하는 의무로 도덕적 의무가 해당됨. 주로 누군가가 말했다는 단서가 앞에 붙음. 영어의 should와 유사하고 부정 시에는 "~안 하는 것이 좋다, 하면 안 된다"의 뜻이 됨. 남의 말을 전달할 때는 "~라고 한다"라는 뜻으로 쓰이기도 함.

예 Der Arzt sagt, ich soll viel Sport machen.
　　　　　　　　　　　　의사가 말하기를, 나는 운동을 많이 해야 한다(고 한다).

Meine Mutter sagt, dass ich früh ins Bett gehen soll.	
	나의 엄마가 말하기를, 나는 일찍 잠자리에 들어야 한다(고 한다).
Soll ich dich abholen?	내가 너를 데리러 갈까?
Du sollst dich mehr konzentrieren.	(충고) 너는 더 집중해야 해.
Er soll nicht so wenig essen.	그는 그렇게 적게 먹어서는 안 돼.
Was soll das sein?	(약간의 경탄, 경악) 이게 도대체 뭘까?
Morgen soll es regnen.	내일 비가 온다고 한다.

wollen

"~하고자 한다"라는 뜻으로, 앞으로 무엇인가를 하고자 하는 의지와 희망을 강하게 표현하는 조동사. 정해진 미래를 나타내는 것이 아니라 화자의 의지를 표현.

예 Ich will unbedingt in Deutschland arbeiten.
　　　　　　　　　　　　　　나는 반드시 독일에서 일할 것이다.

Wollen wir im Park spazieren gehen?	우리 공원에 산책하러 갈까?
Mein Sohn will immer draußen spielen.	
	나의 아들은 항상 밖에서 놀고 싶어한다.
Ich wollte eigentlich Schauspielerin werden.	나는 사실 배우가 되고 싶었다.

Was wollen die Menschen in diesem Land?

그 사람들은 이 나라에서 뭘 원하는가?

Willst du auch mitkommen? 너도 함께 갈래?

mögen

"~일 수 있다"라는 추측으로 쓰일 때는 동사 원형을 문장 마지막에 위치. 4격 목적어(명사)를 받고 동사원형이 없을 경우, 기호를 표현하는 "~을 좋아한다"라는 뜻으로 일반 동사처럼 쓰임. 오늘날 독일어에서는 추측의 의미보다는 기호를 나타내는 뜻으로 더 많이 쓰임.

예) Sie mag über 40 Jahre alt sein. 그녀는 40살은 넘었을 것이다.

Mögen Sie Kartoffeln? 당신은 감자를 좋아합니까?

Ich mag Süßigkeiten. 나는 달콤한 것들을 좋아해.

Magst du auch Zeitschriften? 너도 잡지를 좋아하니?

Als ich klein war, mochte ich Hunde sehr.

내가 어렸을 때 나는 강아지들을 매우 좋아했다.

Er hat die Computerspiele gemocht. 그는 그 컴퓨터게임들을 좋아했다.

möchten

mögen의 접속법 2식 형태. 접속법 2식은 간접,공손 화법으로, 명사를 직접 목적어로 받아서 "~을 원하다"라는 뜻으로도 쓰이고, 동사원형을 문장 말미에 받아서 "~하고 싶다"라는 뜻으로도 쓰임. 일상적으로 자신의 희망사항을 말할 때는 wollen보다는 möchten을 쓰는 것이 더 자연스러움. möchten은 문법적으로 만들어진 조동사이므로 현재형으로만 쓰이고 과거형은 존재하지 않음.

예) Was möchtest du trinken? 너는 무엇을 마시고 싶니?

Ich möchte Lehrer werden. 나는 선생님이 되고 싶어요

Möchten Sie sonst noch etwas? 당신은 그 외에 무엇인가를 더 원합니까?

Er möchte in der Sonne liegen. 그는 햇볕 아래 누워 있고 싶다.

Möchte deine Familie nach Südamerika fahren?

너의 가족은 남미로 가고 싶니?

풀어보기

❖ 다음 우리말에 맞게 화법조동사를 이용하여 독일어로 작문해 보세요.

01

나의 어머니는 피아노를 칠 수 있다.

➡ _____

02

Herr Schmidt씨는 한 잔의 커피를 원하십니까?

한 잔의 커피: eine Tasse Kaffee

➡ _____

03

나의 남자형제는 그 과목을 좋아하지 않는다

과목: Fach(중성)

➡ _____

04

나는 대학교에서 독문학을 전공하려고 한다.

독문학: Germanistik

➡ _____

05

여기에서는 주차해서는 안 됩니다.

과거

➡ _____

06

너는 그녀에게 가방 하나를 줄 수 있있다.

현재완료

➡ _____

풀어보기

07
너는 그녀에게 가방 하나를 줄 수 있었다.
현재완료

➡ _____

08
너는 창문을 열지 않아도 된다.

➡ _____

09
너희들은 반드시 독일로 가야 한다.

➡ _____

10 당신은 무엇을 가장 좋아하십니까?

➡ _____

해설

01 Meine Mutter kann Klavier spielen.
02 Will/Möchte Herr Schmidt eine Tasse Kaffee?
03 Mein Bruder mag das Fach nicht.
04 Ich will an der Universität Germanistik studieren.
05 Hier darf man nicht parken.
06 Was wollten Sie werden?
07 Du hast ihr eine Tasche geben können.
08 Du musst das Fenster nicht aufmachen.
09 Ihr müsst unbedingt nach Deutschland gehen.
10 Was mögen Sie am liebsten?

16 접속법

기본학습

접속법은 간접화법이라고 정의할 수 있다. "~은 ~이다"라고 단언하는 화법(직설법)이 아닌, "~라고 한다" 혹은 "~일 수도 있다"라는 뜻으로, 문장을 간접적으로 만들어주는 어법이다. 접속법에는 ①식과 ②식이 있다. 접속법 ①식은 전언으로서, "~라고 한다"이고 접속법 ②식은 간접화법으로서 "~일 수도 있다"라는 뜻을 나타낸다.

접속법은 동사를 접속법 어미로 활용하여 나타낸다.

1 접속법 어미 규칙

ich	e	wir	en
du	est	ihr	et
er/sie/es / man	e	sie/Sie	en

* ich와 3인칭 단수에서 동사가 e로 끝나는 경우는 어미를 추가하지 않는다.

2 접속법 1식: 동사의 현재시제 + 접속법 어미

haben동사의 접속법 1식   가지고 있다고 한다

ich	habe	wir	haben
du	habest	ihr	habet
er/sie/es / man	habe	sie/Sie	haben

예 Er habe ein Kind. 그는 아이 하나를 가지고 있다고 한다.

* ich와 wir, sie/Sie 인칭은 직설법과 동사의 형태가 동일해서 접속법 1식과 구분이 가지 않는다. 이러한 경우 접속법 2식의 형태를 차용하며, 문장 앞이나 뒤에 "누가 그러는데/~의 보도에 따르면" 등의 출처를 밝힘으로써 이것이 전달하는 말이라는 것을 알려준다.
* 접속법 1식은 대부분 3인칭 주어를 취한다. "누군가가 ~했다고 한다"라는 정보를 전달하기 위해 쓰는 문법이기 때문에 주어는 대부분 제3자가 되는 경우가 많다.

sein동사의 접속법 1식   ~이라고 한다

ich	sei	wir	seien
du	seiest	ihr	seiet
er/sie/es / man	sei	sie/Sie	seien

예 Sie seien Polizisten. 그들은 경찰관들이라고 한다.

3 접속법 2식: 동사의 과거시제 + 접속법 어미

* 과거시제가 규칙일 경우: 접속법 2식은 과거시제 형태와 동일함
  과거시제가 불규칙일 경우: 어간의 모음에 Umlaut + 접속법 어미

machen동사의 접속법 2식(규칙동사) ~할 것이다/~할 수도 있다

ich	machte	wir	machten
du	machtest	ihr	machtet
er/sie/es / man	machte	sie/Sie	machten

📌 Du machtest eine Reise.　　　　　　　　너는 여행을 할지도 모른다.

* 규칙 동사는 접속법 2식과 동사의 과거형이 구분되지 않는다. Ich machte eine Pause.라는 문장을 예를 들면, "나는 휴식을 취했다."와 "나는 휴식을 취할지도 모르겠다."라는 두 가지 뜻이 성립 가능하다. 따라서 규칙동사의 경우 과거형이 나오면 대부분 일반 과거로만 쓰고, 접속법으로 만들고 싶을 경우 werden동사의 접속법 2식과 함께 결합하여 쓴다.

haben동사의 접속법 2식(불규칙동사) 가질 것이다/가질 수도 있다

ich	hätte	wir	hätten
du	hättest	ihr	hättet
er/sie/es / man	hätte	sie/Sie	hätten

📌 Hättest du am Samstag Zeit?　　너는 토요일에 시간이 있을까?(공손하게 묻는 표현)

* 과거에서 어간이 불규칙하게 변하는 동사는 어간의 모음을 변모음화(Umlaut)시키고 접속법 어미를 추가한다. 이 형태는 일반 과거형과는 완벽히 구분되기 때문에 이렇게 형태적으로 구분 가능한 동사는 werden의 접속법 2식과 결합하지 않고 단독으로 자주 쓰인다.

sein동사의 접속법 2식   ~일 수도 있다

ich	wäre	wir	wären
du	wär(e)st	ihr	wär(e)t
er/sie/es / man	wäre	sie/Sie	wären

예) Wenn du hier mit mir wärst, wäre ich viel glücklicher.
　　　　　　　　　만일 네가 여기 나와 함께 있다면(추측), 나는 훨씬 더 행복할 것이다.

werden동사의 접속법 2식   ~할 수도 있다

ich	wäre	wir	wären
du	wär(e)st	ihr	wär(e)t
er/sie/es / man	wäre	sie/Sie	wären

예) Er würde morgen Fußball spielen.　　　그는 내일 축구를 할 수도 있다.

* 일반동사를 접속법 2식으로 바꾸고자 할 때 대부분의 일반 활동 동사들은 würden을 주어에 맞게 변화시키고 동사원형을 문장 마지막에 결합하는 형태로 쓴다. 이는 일반 과거와 접속법 2식의 혼란을 막기 위한 장치이기도 하다.

4 접속법의 시제

	접속법 1식	접속법 2식
과거	haben / sein의 접속법1식 + 과거분사(후치)	hätten / wären + 과거분사(후치)
현재완료		
과거완료		
미래	werden의 접속법 1식 + 동시원형(후치)	würden + 동시원형(후치)
미래완료	werden의 접속법 1식 + 완료형(후치)	würden + 완료형(후치)

5 화법조동사의 접속법

접속법 1식

원형	können	dürfen	müssen	sollen	wollen	mögen
의미	능력	허가	의무	도덕적의무	의지,희망	기호,추측
ich	könne	dürfe	müsse	solle	wolle	möge
du	könnest	dürfest	müssest	sollest	wollest	mögest
er/sie/es	könne	dürfe	müsse	solle	wolle	möge
wir	können	dürfen	müssen	sollen	wollen	mögen
ihr	könnet	dürfet	müsset	sollet	wollet	möget
sie/Sie	können	dürfen	müssen	sollen	wollen	mögen

접속법 2식

원형	können	dürfen	müssen	sollen	wollen	mögen
의미	능력	허가	의무	도덕적의무	의지,희망	희망
ich	könnte	dürfte	müsste	sollte	wollte	möchte
du	könntest	dürftest	müsstest	solltest	wolltest	möchtest
er/sie/es	könnte	dürfte	müsste	sollte	wollte	möchte
wir	könnten	dürften	müssten	sollten	wollten	möchten
ihr	könntet	dürftet	müsstet	solltet	wolltet	möchtet
sie/Sie	könnten	dürften	müssten	sollten	wollten	möchten

6 접속법의 쓰임

> **접속법 I식**

- 전달하는 말

주로 기사문에서 자주 등장한다. 정보를 인용하였다는 것을 확실히 드러내기 위해 쓴다.

📝 Der Politiker sei in die USA geflogen.

그 정치인은 미국으로 (비행기를 타고) 갔다고 한다

Er bleibe zu Hause.   그는 집에 머문다고 한다.

Seine Mutter sagt, dass er krank sei.   그의 엄마가 말하기를 그가 아프다고 한다.

- 간접적인 명령문(요구화법)

"누군가가 ~을 해야 한다고 말했다"라는 뜻으로 쓰일 때, "~해야 한다고"의 부분을 접속법 I식으로 써서 이 말이 누군가로부터 들은 말이라는 것을 강조한다.
요구의 정도가 강력할 때는 müssen의 접속법 I식 형태를 쓰고, 요구의 정도가 보편적이고 그렇게 강력하지 않을 때는 sollen의 접속법 I식을 쓴다. 인용의 형태는 직접 인용이 아닌 간접 인용이므로 따옴표가 없고 부문장으로 빠진다.

📝 Der Lehrer sagt mir: „Du musst fleißig lernen!"

선생님이 나에게 말한다. "너는 열심히 공부해야만 해!"

→ Der Lehrer sagt mir, dass ich fleißig lernen müsse.

선생님이 나에게, 나는 열심히 공부해야 한다고 하신다.

Die Ärztin hat Eva gesagt: „Trinken Sie viel Tee".

그 여의사는 Eva에게 말했다. "차를 많이 마시세요."

→ Der Ärztin hat Eva gesagt, dass sie viel Tee trinken solle.

그 여의사는 Eva에게, 그녀가 차를 많이 마셔야 한다고 말했다.

접속법 2식

- 가정, 추측

접속법 2식은 "~일 수도 있다"라는 뜻을 가지고 있기 때문에 가정 혹은 추측의 용법으로 쓰이고 wenn절로 많이 쓰인다.

예 **Wenn** ich genug Geld **hätte**, **würde** ich mir den großartigen Wagen kaufen. 만일 내가 충분한 돈을 가지고 있다면, 나는 그 대단한 자동차를 살 텐데.

Wenn ich ein Vogel **wäre**, **würde** ich zu dir fliegen.
만일 내가 한 마리의 새라면, 너에게 날아갈 텐데.

- 공손한 표현

접속법 2식에 gern(기꺼이)이라는 부사를 결합하여 희망 사항을 공손하게 나타낼 수 있다.

예 **Könnten** Sie mir sage, wie viel das kostet?
저에게 말씀해주실 수 있나요, 이게 얼마인지?

Müsste ich morgen kommen? 제가 내일 와야만 할까요?

Ich **wäre** gern jetzt bei dir. 나는 지금 너의 곁에 있고 싶다.

Ich **hätte** gern ein blaues T-Shirt. 저는 하나의 파란 티셔츠를 가지고 싶습니다.

- 비현실적 소망에 대한 감탄문

wenn절을 이용하여 접속법 2식을 써서 문장을 느낌표로 마무리하면 비현실적 소망을 탄식하는 표현이 된다. wenn이라는 접속사는 생략이 가능하며, 생략했을 시 후치되었던 동사가 맨 앞으로 도치된다.

예 **Wenn** ich nur Geld **hätte**!
→ **Hätte** ich nur Geld! 내가 돈만 가지고 있었더라면!

Wenn du pünktlich gekommen **wärest**!
→ **Wärest** du pünktlich gekommen! 네가 제때에 왔더라면!

Wenn ich alles wüsste!
→ Wüsste ich alles!　　　　　　　　　　내가 모든 것을 알고 있었더라면!

• 비현실의 비교

als ob/als wenn 절을 이용하여 "(실제로는 아니지만) 마치~인 양"이라는 뜻의 부문장을 만들 수 있다. ob과 wenn은 생략이 가능하며, 생략 시 후치되었던 동사가 앞으로 도치되어 als 오른쪽 옆에 바로 붙는다.

예) Er verhält sich so, als ob er davon nichts wüsste.
→ Er verhält sich so, als wüsste er davon nichts.
그는 마치 그가 그것에 대해서 아무것도 모르는 듯 행동한다.

Wenn du pünktlich gekommen wärest!
→ Wärest du pünktlich gekommen!　　　네가 제때에 왔더라면!

Ich habe so großen Appetit, als ob ich heute gar nichts gegessen hätte.
→ Ich habe so großen Appetit, als hätte ich heute gar nichts gegessen.
나는 마치 내가 오늘 아무것도 안 먹었던 것처럼 식욕이 왕성하다.

풀어보기

❖ 다음 주어진 상황을 응용하여 접속법 2식을 이용한 문장으로 작성해 보세요

예) Ich habe keine Zeit. Ich kann nicht lesen.
→ Wenn ich Zeit hätte, könnte ich lesen.

01

Er hat keine Freunde.
Er ist einsam.

→ _____

02

Wir haben den Film nicht gesehen.
Wir kennen die Geschichte nicht.

→ _____

03

Ich habe keinen Hund.
Ich möchte mit dem Hund spazieren gehen.

→ _____

04
> Sie kann nicht gut schwimmen.
> Sie geht nicht ins Schwimmbad.

○ _____

05
> Er kann nicht gut Deutsch sprechen.
> Er lebt nicht in Deutschland.

○ _____

❖ 다음 우리말에 맞게 접속법 Ⅰ식을 활용하여 독일어로 작문해 보세요.

06
> 그는 아들 하나와 딸 하나를 가지고 있다고 한다.

○ _____

풀어보기

07

그녀는 쇼핑을 했다고 한다.

➡ _____

08

의사 선생님이 나는 많이 자야 한다고 했다.

➡ _____

09

그는 이 노래를 좋아하지 않는다고 한다.

➡ _____

10 그들이 말하는데, 너는 남자친구가 없다고 하더라.

◉ _____

해설

01 Wenn er Zeit hätte, wäre er nicht einsam.
02 Wenn wir den Film gesehen hätten, würden wir die Geschichte kennen.
03 Wenn ich einen Hund hätte, könnte/würde ich mit dem Hund spazieren gehen.
04 Wenn sie gut schwimmen könnte, würde sie ins Schwimmbad gehen.
05 Wenn er gut Deutsch sprechen könnte, würde er in Deutschland leben.
06 Er habe einen Sohn und eine Tochter.
07 Sie habe eingekauft.
08 Der Arzt hat gesagt, dass ich viel schlafen solle.
09 Er möge dieses Lied nicht.
10 Sie sagen, dass du keinen Freund habest.s

17 수동태

기본학습

독일어의 수동태는 크게 진행수동과 상태수동으로 나뉜다.

1 수동태를 쓰는 경우
- 행위자의 정보가 불명확할 때
- 행위자의 언급이 중요하지 않을 때

2 수동문에서 주의해야 할 사항
- 행위자는 von이나 durch로 나타낼 수 있다. (*생략 가능)
  ▶ von: (3격) 직접행위자
  ▶ durch: (4격) 간접행위자

  예) Ich öffne die Tür. 　　　　　　　　　　　나는 그 문을 연다.
  → Die Tür wird von mir geöffnet. 　　　그 문이 나에 의해 열린다.

  Die Operation rettet die Patienten. 　그 수술이 그 환자들을 살린다.
  → Die Patienten werden durch die Operation gerettet.
  　　　　　　　　　　　　　　　　　　그 환자들은 그 수술을 통해 살려진다.

- 능동문의 3격은 수동문에서도 그대로 3격을 유지한다.

  예) Ich gebe dir die Uhr. 　　　　　　　　　나는 너에게 그 시계를 준다.
  → Die Uhr wird dir (von mir) gegeben. 그 시계가 (나에 의해) 너에게 주어진다.

- 능동문에 ④격 목적어가 없을 경우 수동문에서의 주어는 es이며, 이 es는 문장의 가장 첫 번째 자리가 아닐 경우 생략된다.

    ⓔ Ich antworte dem Lehrer auf die Frage.
               나는 그 선생님에게 그 질문에 대해 대답한다.
    → Es wird (von mir) dem Lehrer auf die Frage geantwortet.
     Dem Lehrer wird (von mir) auf die Frage geantwortet.
             그 선생님에게 그 질문에 대해 대답이 되어진다.

- 능동문의 주어가 man일 때 수동문에서는 행위자로서 표현하지 않는다.

    ⓔ Man kauft die Fahrkarten.   사람들은 그 차표를 산다.
    → Die Fahrkarten werden gekauft.   그 차표는 구입된다.

- 능동문에서 목적어와 목적보어가 있는 경우, 수동문에서는 목적어가 주어가 되므로 목적보어도 주격보어가 된다.

    ⓔ Man kauft die Fahrkarten.   사람들은 그 차표를 산다.
    → Die Fahrkarten werden gekauft.   그 차표는 구입된다.

3 진행수동과 상태수동의 의미 차이

- 진행수동: ~가 되는 중이다 (활동이 일어나고 있는 중)
- 상태수동: ~가 되어져 있는 상태이다 (활동이 이미 일어나서 끝난 상태)

(진행수동태)

현재	werden + ··· + 과거분사(후치)
과거	wurde + ··· + 과거분사(후치)
현재완료	sein + ··· + 과거분사 + worden
과거완료	war + ··· + 과거분사 + worden
미래	werden + ··· + 과거분사 + werden
미래완료	werden + ··· + 과거분사 + worden + sein

예 Lisa schließt das Fenster.   Lisa는 그 창문을 닫는다.

→ 현재: Das Fenster wird von Lisa geschlossen.
→ 과거: Das Fenster wurde von Lisa geschlossen.
→ 현재완료: Das Fenster ist von Lisa geschlossen worden.
→ 과거완료: Das Fenster war von Lisa geschlossen worden.
→ 미래: Das Fenster wird von Lisa geschlossen werden.
→ 미래완료: Das Fenster wird von Lisa geschlossen werden sein.

(상태수동태)

현재	sein + ··· + 과거분사(후치)
과거	war + ··· + 과거분사(후치)
현재완료	sein + ··· + 과거분사 + gewesen
과거완료	war + ··· + 과거분사 + gewesen

미래	werden + ⋯ + 과거분사 + sein
미래완료	werden + ⋯ + 과거분사 + gewesen + sein

예) Lisa schließt das Fenster. Lisa는 그 창문을 닫는다.

→ 현재: Das Fenster ist von Lisa geschlossen.
→ 과거: Das Fenster war von Lisa geschlossen.
→ 현재완료: Das Fenster ist von Lisa geschlossen gewesen.
→ 과거완료: Das Fenster war von Lisa geschlossen gewesen.
→ 미래: Das Fenster wird von Lisa geschlossen sein.
→ 미래완료: Das Fenster wird von Lisa geschlossen gewesen sein.

화법조동사가 쓰인 수동태

현재	화법조동사 현재형 + ⋯ + 과거분사 + werden
과거	화법조동사 과거형 + ⋯ + 과거분사 + werden
현재완료	haben + ⋯ + 과거분사 + werden + 화법조동사원형
과거완료	hatten + ⋯ + 과거분사 + werden + 화법조동사원형
미래	werden + ⋯ + 과거분사 + werden + 화법조동사원형
미래완료	werden + ⋯ + haben + 과거분사 + werden + 화법조동사원형

예) Lisa darf das Fenster schließen. Lisa는 그 창문을 닫아도 된다.

→ 현재: Das Fenster darf von Lisa geschlossen werden.
→ 과거: Das Fenster durfte von Lisa geschlossen werden.
→ 현재완료: Das Fenster hat von Lisa geschlossen werden dürfen.
→ 과거완료: Das Fenster hatte von Lisa geschlossen werden dürfen.
→ 미래: Das Fenster wird von Lisa geschlossen werden dürfen.
→ 미래완료: Das Fenster wird von Lisa haben geschlossen werden dürfen.

4 추가 학습 포인트

> **수동태를 쓸 수 없는 경우**

- 재귀동사
- 화법조동사
- 사역동사, 지각동사 (*단독으로 쓰일 때는 가능하지만 동사원형을 받는 사역동사와 지각동사로 쓰일 때는 수동태 성립이 불가능)

  예) lassen(~하게 하다), sehen(~하는 것을 보다), hören(~하는 것을 듣다) 등

- 소유의 관계를 나타내는 동사

  예) haben(가지다), bekommen(얻다), erhalten(얻다), besitzen(소유하다), empfangen(수령하다)

- 그 외의 동사

  예) wissen(알다), kennen(알다), kosten(값이~나가다), sein(있다)

> **자주 쓰이는 자동사 수동태**

자동사가 쓰이는 경우, 수동문에서의 주어는 es이며, 이 es는 문장의 가장 첫 번째 자리가 아닐 경우 생략된다.

- arbeiten 일하다

  예) Man arbeitet am Wochenende nicht.　　주말에는 사람들이 일하지 않는다.

  → Es wird am Wochenende nicht gearbeitet.
  → Am Wochenende wird nicht gearbeitet.　주말에는 업무가 이뤄지지 않는다.

- fahren 운전하다, 타다

  예) Man fährt in England und Japan links.

  　　　　　　　　　　　　영국과 일본에서는 사람들이 왼쪽에서 차를 몬다.

  → Es wird in England und Japan links gefahren.

➡ In England und Japan wird links gefahren.

            영국과 일본에서는 (차가)왼쪽으로 달려진다.

- rauchen 흡연하다

  예) Hier darf man nicht rauchen.   여기에서는 담배 피우면 안 된다.

   ➡ Es darf hier nicht geraucht werden.
   ➡ Hier darf nicht geraucht werden.   여기는 흡연되어서는 안 된다.

풀어보기

❖ 다음 문장의 주어진 시제를 주의하며, 수동태로 만들어 보세요.

01

Ein Arzt untersucht einen Patienten im Krankenhaus.

➡ _____

02

Peter hilft seiner Schwester bei der Hausaufgabe.

➡ _____

03

Das Kind hat dem Lehrer geantwortet.

➡ _____

04 Der Hund hat das Futter gefressen.

➔ _____

05 Mama machte die Wohnung sauber.

➔ _____

06 Ihr werdet den Brief schreiben.

➔ _____

풀어보기

07

Den Tisch sollte ich in die Ecke stellen.

▸ _____

08

Hier baute man ein Hochhaus.

▸ _____

09

Man nennt seine älteste Tochter Lotte.

▸ _____

10

> Die Leute nannten den Jungen einen kleinen Herrn.

◯ _____

해설

01 Ein Patient wird (von einem Arzt) im Krankenhaus untersucht.
02 Es wird (von Peter) seiner Schwester bei der Hausaufgabe geholfen.
03 Es ist (von dem Kind) dem Lehrer geantwortet worden.
04 Das Futter ist (von dem Hund) gefressen worden.
05 Die Wohnung wurde (von Mama) sauber gemacht.
06 Der Brief wird (von euch) geschrieben werden.
07 Der Tisch sollte (von mir) in die Ecke gestellt werden.
08 Ein Hochhaus wurde hier gebaut.
09 Seine älteste Tochter wird Lotte genannt.
10 Der Junge wurde (von den Leuten) ein kleiner Herr genannt.

18 수사 및 시간 표현, 시간부사구, 단위명사

기본학습

1 독일어의 숫자(기수)

- 예외적인 쓰임에 주의하자. (표에 빨간색으로 표기)
- 숫자는 수사이므로 문장에서 소문자로 쓰인다.
- 백만(Million)부터는 명사이므로 대문자로 쓰고, 단수와 복수를 구분하여 쓴다.
- 1(eins)은 단독으로 쓰일 때는 문제가 없지만 바로 뒤에 다른 숫자나 단위명사가 붙으면 s가 탈락된다.

0	null	11	elf	22	zweiundzwanzig
1	eins	12	zwölf	23	dreiundzwanzig
2	zwei	13	dreizehn	24	vierundzwanzig
3	drei	14	vierzehn	25	fünfundzwanzig
4	vier	15	fünfzehn	26	sechsundzwanzig
5	fünf	16	sechzehn	27	siebenundzwanzig
6	sechs	17	siebzehn	28	achtundzwanzig
7	sieben	18	achtzehn	29	neunundzwanzig
8	acht	19	neunzehn	30	dreißig
9	neun	20	zwanzig	31	einunddreißig
10	zehn	21	einundzwanzig	32	zweiunddreißig

20	zwanzig	100	hundert	200	zweihundert
30	dreißig	101	hunderteins	300	dreihundert
40	vierzig	110	hundertzehn	1000	tausend
50	fünfzig	112	hundertzwölf	10000	zehntausend
60	sechzig	116	hundertsechzehn	100000	hunderttausend
70	siebzig	120	hundertzwanzig	1000000	eine Million
80	achtzig	121	hunderteinundzwanzig	2000000	zwei Millionen
90	neunzig	135	hundertfünfunddreißig	10억	eine Milliarde
				100억	zehn Milliarden
				1조	eine Billion
				2조	zwei Billionen

2 독일어의 서수

- 숫자 옆에 마침표를 찍어준다.
- 19까지는 기수에 t가 붙고, 20 이상의 수에는 st가 붙는 형태이다.(예외 주의: 표에 빨간색으로 표기)
- 서수는 기본적으로 형용사이므로 형용사의 어미변화를 한다.

1	erst	11	elft	21	einundzwanzigst
2	zweit	12	zwölft	22	zweiundzwanzigst
3	dritt	13	dreizehnt	23	dreiundzwanzigst
4	viert	14	vierzehnt	24	vierundzwanzigst
5	fünft	15	fünfzehnt	25	fünfundzwanzigst
6	sechst	16	sechzehnt	26	sechsundzwanzigst
7	siebt	17	siebzehnt	27	siebenundzwanzigst
8	acht	18	achtzehnt	28	achtundzwanzigst
9	neunt	19	neunzehnt	29	neunundzwanzigst
10	zehnt	20	zwanzigst	30	dreißigst

> 서수 쓰임의 예

- A: Der Wievielte ist heute?   오늘 며칠이에요?
  B: Heute ist der erste April.   오늘은 4월 1일이에요.

* 독일에서 날짜는 일,월,년 순으로 표현한다.
* 월명도 서수로 나타낼 수 있는데, 형용사 어미변화는 그대로 따라가고 대문자로 표기한다.
  Heute ist der erste April(=Vierte).

- Den Mantel finden Sie im dritten Stock.
  그 코트를 당신은 3층에서 찾을 수 있습니다.

- Ich habe Geburtstag am 29. September.   나는 9월 29일에 생일입니다.
  (neunundzwanzigsten)

3 월 표현

1월	Januar	7월	Juli
2월	Februar	8월	Augúst
3월	März	9월	Septémber
4월	April	10월	Október
5월	Mai	11월	Novémber
6월	Juni	12월	Dezémber

* 월명의 강세 표시한 것을 제외하고 모두 1음절 강세이다. 강세에 유의하여 암기하자.
* im + 월명: ~월에

4 요일 표현

월요일	Montag	Wochentage 주중
화요일	Dienstag	
수요일	Mittwoch	
목요일	Donnerstag	
금요일	Freitag	
토요일	Samstag	Wochenende 주말
일요일	Sonntag	

* am + 요일: ~요일에
  am Wochenende: 주말에
  an den Wochentagen 평일에(=unter der Woche)

5 시간 표현

Wie spät ist es? / Wie viel Uhr ist es? 몇 시입니까?
Es ist 시간표현. ~시입니다.

* 비공식적인 시간표현에서는 Es ist 를 생략하기도 한다.
* 공식적인 시간에서는 13시 이후의 개념을 쓴다.(정확한 시간 전달이 중요하기 때문에)
* 공식적인 시간 표현: 방송, 기차 시간표 등
  비공식적인 시간 표현: 일상 표현

공식적인 시간

쓸 때: 시. 분 Uhr	말할 때: 시 Uhr 분
7.10 Uhr	Sieben Uhr zehn.

비공식적인 시간

쓸 때	말할 때
1 Uhr	Ein Uhr. / Eins.
1.05 Uhr	Fünf nach eins.
1.10 Uhr	Zehn nach eins.
1.15 Uhr	Viertel nach eins.
1.20 Uhr	Zwanzig nach eins.
1.25 Uhr	Fünf vor halb zwei.
1.30 Uhr	Halb zwei.
1.35 Uhr	Fünf nach halb zwei.
1.40 Uhr	Zwanzig vor zwei.
1.45 Uhr	Viertel vor zwei.
1.50 Uhr	Zehn vor zwei.
1.55 Uhr	Fünf vor zwei.
한 시 조금 전	Kurz vor eins.
한 시 조금 지남	Kurz nach eins.

* um + 시간: ~시에
  gegen + 시간: ~시 경

6 계절 표현

시간부사구는 전치사 없이 시간적 정보를 주는 두 단어 이상의 결합이다. 문장에서 4격으로 쓴다.

봄	der Frühling	가을	der Herbst
여름	der Sommer	겨울	der Winter

* im + 계절명: ~계절에

7 시간부사구

시간부사구는 전치사 없이 시간적 정보를 주는 두 단어 이상의 결합이다. 문장에서 4격으로 쓴다.

jeden Tag 매일	jeden Morgen 매일 아침	letzte Nacht 지난 밤
jede Stunde 매시간	jeden Abend 매일 저녁	letzten Sommer 지난 여름
jede Woche 매주	jede Nacht 매일 밤	letzten Monat 지난 달
jeden Monat 매달	jeden Vormittag 매일 오전	letztes Jahr 작년
jedes Jahr 매년	jeden Nachmittag 매일 오후	nächstes Jahr 내년

8 단위명사

물질명사(불가산 명사)는 셀 수 없는 명사이므로 단수 형태만 존재하는데, 이것들의 양을 표현하기 위해서는 단위명사의 도움이 필요하다.

* 단위명사가 남성/중성이면 단위명사의 단수형태만 쓰임.
* 단위명사가 여성명사이면 단위명사가 복수가 될 때 복수 형태로 쓰임.

단위명사	단수	복수
das Glas 유리잔	ein Glas Bier	zwei Glas Bier
das Stück 조각	ein Stück Kuchen	zwei Stück Kuchen
die Tasse 찻잔	eine Tasse Kaffee	zwei Tassen Kaffee
die Dose 캔	eine Dose Cola	zwei Dosen Cola
die Tafel 판	eine Tafel Schokolade	zwei Tafeln Schokolade
die Packung 팩	eine Packung Tee	zwei Packungen Tee
die Flasche 병	eine Flasche Saft	zwei Flaschen Saft

풀어보기

❖ 다음 우리말에 맞게 독일어로 작문해 보세요.

01

나는 9시 30분경에 일어났다.

현재완료 / 비공식적 시간

➡ _____

02

나는 두 캔의 콜라를 원해요.

➡ _____

03

지금 몇 시입니까?

➡ _____

04

너는 생일이 언제야?

➡ _____

05

월요일과 수요일에 나는 독일어 수업을 가지고 있다.

➡ _____

06

10월 3일은 독일 통일 기념일입니다.

독일 통일 기념일: der Tag der Deutschen Einheit

➡ _____

풀어보기

07
12월에 나는 독일로 간다.

➡ _____

08
그녀는 오전에 시간이 없다.

➡ _____

09
주말에 쇼핑하러 갈래?

➡ _____

10 그는 17살이다.

⇒ _____

해설

01 Ich bin gegen halb zehn aufgestanden.
02 Ich möchte zwei Dosen Cola.
03 Wie spät ist es jetzt? | Wie viel Uhr ist es jetzt?
04 Wann hast du Geburtstag?
05 Am Montag und Mittwoch habe ich einen Deutschkurs.
06 Der dritte Oktober/Zehnte ist der Tag der Deutschen Einheit.
07 Im Dezember gehe ich nach Deutschland.
08 Am Vormittag hat sie keine Zeit.
08 Wollen wir am Wochenende einkaufen gehen?
10 Er ist siebzehn Jahre alt.

19 특정 격 혹은 전치사와 결합하는 표현들, 남성약변화 명사

기본학습

독일어가 어려운 이유 중 하나가 바로 외워야 할 규칙이 많다는 것이다. 그 중 하나를 차지하는 것은 특정 격이나 전치사와 결합하는 동사, 명사, 형용사 등이 있다는 것이다. 여기에서는 기본적인 소통을 위해 반드시 필요한 표현들을 다뤄보도록 한다.

1 ③격 지배 동사(+특정 전치사)

한국어 뜻과는 상관없이 ③격을 취하는 동사들이며 예문을 다양하게 만들어 보며 학습하도록 한다.

- helfen ~에게 도움을 주다 + bei
  - 예) Du hilfst deiner Schwester bei den Hausaufgaben.
    너는 너의 여동생에게 숙제 하는 걸 도와준다.

- passen ~에게 맞다 / + zu ~이 ~에 어울리다
  - 예) Der Termin passt mir sehr gut. 그 일정은 나에게 굉장히 잘 맞는다.
    Die Hose passt gut zu dem Hemd. 그 바지는 그 셔츠에 잘 어울린다.

- gefallen ~에게 마음에 들다
  - 예) Das Haus gefällt mir gut. 이 집은 내 마음에 든다.

- gratulieren ~를 축하하다 + zu
  - 예) Ich gratuliere dir zum Geburtstag. 나는 너를 생일을 맞이하여 축하한다.

- (사물 주어) + stehen ~가 ~에게 어울리다
  - 예) Die Farbe steht dir gut. 그 색이 너에게 어울린다.

- gehören ~의 것이다/~에 속하다
  - 예 Wem gehört das Auto?   이 자동차는 누구에게 속하니(누구의 것이니)?

- (음식 주어) + schmecken ~이 ~에게 맛이 나다
  - 예 Der Salat schmeckt mir gut.   그 샐러드는 나에게 맛있다.

- es geht ~가 어떻게 지내다(안부)
  - 예 Es geht mir jetzt viel besser.   나 지금 컨디션이 훨씬 좋아.

- antworten ~에게 대답하다 + auf 4격
  - 예 Sie antwortet mir nicht auf meine Frage.

    그녀는 나의 질문에 나에게 답하지 않는다.

2 4격 지배 동사(+특정 전치사)

- anrufen ~에게 전화 걸다
  - 예 Du musst mich morgen anrufen.   너는 내일 나에게 전화해야 한다.

- fragen ~에게 묻다 + nach
  - 예 Ich frage dich nach dem Weg.   나는 너에게 길을 묻는다.

- es gibt ~가 있다
  - 예 Heute gibt es den Rindbraten.   오늘은 그 소고기 구이가 있습니다.

- bitten ~에게 부탁하다 + um
  - 예 Er bittet mich um einen Tanz.   그는 나에게 춤 한 곡을 청한다.

- sprechen ~와 통화하다
  - 예 Kann ich Herrn Schneider sprechen?   제가 슈나이더씨와 통화할 수 있을까요?

- grüßen ~에게 인사하다
  - 예 Er grüßt mich nicht!   그는 나에게 인사하지 않아!

3 특정 전치사를 함께 쓰는 표현들

- sich interessieren für ④격/interessiert sein an ③격/s. Interesse haben an ③격 ~에 흥미가 있다
    - 예) ch interessiere mich für das Projekt. 　　　나는 그 프로젝트에 흥미가 있다.
      Ich bin an dem Projekt interessiert.
      Ich habe großes Interesse an dem Projekt.

- Lust auf ④격 ~에 흥미가 있다
    - 예) Ich habe große Lust auf Nudeln. 　　　나는 면 요리가 매우 먹고 싶어.

- Angst vor ~에 대해 두려움을 가지고 있다
    - 예) Er hat Angst vor Insekten. 　　　그는 곤충을 무서워한다.

- träumen von ~에 대한 꿈을 꾸다
    - 예) Sie träumt von einem hellen Zimmer. 　　　그녀는 하나의 밝은 방을 꿈꾼다.

- arm/reich an ③격 ~가 부족한/풍족한
    - 예) Tomaten sind reich an Vitamin C. 　　　토마토는 비타민C가 풍부하다.
      Salat ist arm an Protein. 　　　샐러드는 단백질이 부족하다.

- sauer/böse auf ④격 ~에 대해 화가 났다
    - 예) Sei nicht sauer/böse auf mich, bitte. 　　　나한테 화 내지 마.

- es geht um ④격 ~에 대한 이야기이다
    - 예) In diesem Buch geht es um die große Liebe.
      　　　이 책은 위대한 사랑에 대한 이야기이다.

4 전치사로 묻고 답할 때 주의사항

독일어에서는 [전치사 + das/was] 형태가 성립되지 않기 때문에, 특정 전치사가 있는 경우의 의문문에서 주의해야 한다. 예를 들어 "너는 무엇에 흥미가 있니?"라고 묻고자 할 때, "~에"에 해당하는 전치사 für에 바로 was를 붙여서 의문문을 만들 수 없다.

이 때 형태는 was 가 wo가 되어 전치사 바로 앞에 붙는 것이다.
- **Wofür** interessierst du dich?   너는 무엇에 흥미가 있니?

마찬가지로, 전치사 뒤에 대명사인 das를 쓰고자 할 때도 같은 원리를 적용하여 das를 da로 바꾸고 전치사 바로 앞에 붙인다.
- Ich interessiere mich **dafür**.   나는 그것에 흥미가 있어.

* 전치사가 모음으로 시작할 경우 wor/dar형태로, r를 추가하여 결합한다. → worauf/darauf

5 남성 약변화 명사

남성 약변화 명사란 'N변화 명사' 혹은 'N명사'라고도 불리며, 특정 남성명사들이 1격을 제외한 2, 3, 4격에서 명사 자체에 n혹은 en이 추가되는 명사를 뜻한다.

─ -e로 끝나고 복수형이 n으로 끝나는 명사 ─

Junge(소년) / Kollege(동료) / *Name(이름) (Name는 2격에서 des Namens가 됨)
- Ich kenne den **Jungen**.   나는 그 소년을 안다.
  Von seinem **Namen** habe ich nichts gehört.

  그의 이름에 대해 나는 아무것도 못 들었다.

─ -ist/-ent로 끝나는 남성 직업 명사 ─

Student(대학생) / Tourist(여행객)

─ 예외 단어 ─

Bauer(농부) / Herr(신사) / Nachbar(이웃) / Mensch(인간) / Bär(곰) / das Herz(심장)

* das Herz는 특이하게 중성이지만 N변화 명사입니다.
  (1격 das Herz, 2격 des Herzens, 3격 dem Herzen, 4격 das Herz)

풀어보기

❖ 다음 우리말에 맞게 독일어로 작문해 보세요.

01

우리는 너희들의 결혼식을 축하한다.

➡ _____

02

이 원피스가 어떻게 마음에 드십니까?

➡ _____

03

길 위에 한 남자가 있다.

➡ _____

04 | 너는 정치에 관심이 있니?

➡ _____

05 | 너는 무엇을 무서워하니?

➡ _____

06 | 나는 그것에 대한 꿈을 꿔.

➡ _____

풀어보기

07 나는 너에게 도움을 요청한다.

➡ _____

08 이 초콜릿은 내 마음에 든다.

➡ _____

09 우리는 저 경찰관에게 그 길에 대해 묻는다.

➡ _____

10 나는 한 여행객에게 인사한다.

➡️ _____

해설

01 Wir gratulieren euch zur Hochzeit.
02 Wie gefällt Ihnen das Kleid?
03 Auf der Straße gibt es einen Mann.
04 Interessierst du dich für Politik? | Hast du Interesse an Politik? | Bist du an Politik interessiert?
05 Wovor hast du Angst?
06 Davon träume ich.
07 Ich bitte dich um Hilfe.
08 Die Schokolade gefällt mir.
09 Wir fragen den Polizisten nach dem Weg.
10 Ich grüße einen Touristen.

20 의문사와 부정대명사

기본학습

1 의문사

독일어의 의문사는 육하원칙에 의하여 누가(wer), 언제(wann), 어디서(wo), 무엇(was), 어떻게(wie), 왜(warum)가 있으나, 이 외에도 정해진 것들 중 어떤 것을 묻는 welch와 성질을 묻는 was für의 용법도 있다. 이들의 쓰임을 예문을 통해 알아보도록 하자.

wer 누가

사람을 묻는 의문사로서 기본적으로 단수로 취급한다. 사람이 누구인지, 누구에게 인지, 누구를 인지에 따라 의문사의 격이 달라진다.

| 주의 사항 |

* 문법 ○ Wer ist das? 이 사람은 누구입니까?
* 문법 × Wer sind das? 이 사람들은 누구입니까?
    ➜ 사람이 여러 명 있어도 Wer ist das?로 묻고 대답할 때만 단수와 복수를 나누어 대답한다.
       (단수일 때: Das ist~ / 복수일 때: Das sind~)

누가	누구의	누구에게	누구를
Wer	Wessen	Wem	Wen

예 Wer ist deine Schwetser?   누가 너의 여자형제이니?
   Wessen Tasche ist das?   이것은 누구의 가방입니까?
   Wem gefallen die Schuhe?   그 신발들이 누구에게 마음에 듭니까?
   Wen meinen Sie?   누구를 말씀하시는 건가요?

wann 언제

영어의 when과 같은 의미이지만, 과거의 시점을 나타내는 용법으로는 전혀 쓰이지 않는다. wann은 그저 항상 "언제"라는 뜻을 가지고 있다.

예) Wann haben Sie Geburtstag? 당신은 언제 생일입니까?
Ich erinnere mich noch, wann das war.
그것이 언제였는지 나는 아직도 기억한다.

wo 어디서

정지된 장소를 물을 때 쓰는 의문사이다.

예) Wo haben Sie Deutsch gelernt? 당신은 어디에서 독일어를 배웠습니까?
Wo ist er geboren? 그는 어디에서 태어났습니까?

was 무엇

사물이나 사람의 직업을 물을 때 쓰는 의문사이다. 사물의 정의를 묻는 의문사이므로 사람마다 대답이 달라지는 항목에는 쓰지 않는다. (*주의! 이름/나이/주소/전화번호 → wie 사용)

예) Was ist das? 이것이 무엇입니까?
Was bist du von Beruf? 너는 직업적으로 무엇이니?(너의 직업은 무엇이니?)
Was ist er? (von Beruf 생략) 그의 직업은 무엇입니까?

wie 어떻게

방식이나 정도를 묻는 의문사이며, 이름, 나이, 주소, 전화번호 등 사람마다 대답이 달라지는 항목에 쓰인다. 또한 부사나 형용사를 접목하여 특정 정도를 물을 때 쓰인다.

예) Wie heißen Sie? 당신의 이름은 어떻게 되십니까?
Wie ist Ihre Adresse? 당신이 주소는 어떻게 되십니까?
Wie oft gehst du schwimmen? 얼마나 자주 너는 수영하러 가니?
Wie groß bist du? 너 (키가) 얼마나 크니?

> warum 왜

이유를 묻는 의문사이며, 대답할 때는 이유를 나타내는 접속사를 적절히 활용하여 대답한다.

● A: <u>Warum</u> bist du hier? 너는 왜 여기에 있니?
　B: <u>Weil</u> ich heute keinen Unterricht habe.
　　　　　　　　　　　　　　　왜냐하면 나는 오늘 수업이 없기 때문이야.

　A: <u>Warum</u> ist er nach Korea gekommen? 그는 왜 한국으로 왔니?
　B: <u>Denn</u> er hat eine Stelle bekommen.
　　　　　　　　　　　　　　왜냐하면 그는 한 (일)자리를 얻었기 때문이야.

> welch_ 무슨~

있는 항목들 중 선택하여 어떤 것이냐고 물을 때 쓰는 의문사로서 정관사류에 속한다. 정관사와 동일하게 어미가 변화하며, 주로 바로 뒤에 명사가 따라오기 때문에 명사의 성과 격에 따른 어미변화에 유의해야 한다. 또한 정해진 것들 중의 하나를 묻는 것이므로 대답할 때는 정관사와 함께 대답한다.

	남성	여성	중성	복수
1격	welcher	welche	welches	welche
2격	welches	welcher	welches	welcher
3격	welchem	welcher	welchem	welchen
4격	welchen	welche	welches	welche

● A: <u>Welcher</u> Mantel gefällt dir am besten? 무슨 코트가 너에게 가장 마음에 드니?
　B: <u>Dieser</u> Mantel gefällt mir am besten. 이 코트가 나에게 가장 마음에 들어.

　A: Mit <u>welcher</u> Linie muss ich fahren? 무슨 호선을 타고 제가 가야 합니까?
　B: Mit <u>der</u> Linie 1 müssen Sie fahren. 1호선을 타고 가셔야 합니다.

A: Welches Auto kaufst du dir? 너는 무슨 자동차를 사니?
B: Das rote Auto möchte ich kaufen. 그 빨간 자동차를 사고 싶어.

A: Für welche Computer interessierst du dich?
무슨 컴퓨터들에 너는 관심이 있니?
B: Ich interessiere mich für die günstigen Computer.
나는 그 저렴한 컴퓨터들에 관심이 있어.

> was für 어떤~

정해지지 않은 것의 성질을 묻는 표현이다. 예를 들어 친구가 옷을 사러 간다고 할 때 어떤 종류의 옷을 사고 싶은지 물을 때 쓴다. 크기, 색깔, 소재의 느낌 등을 대답할 때는 부정관사와 함께 대답한다. 복수의 경우는 무관사로 대답한다.
was für라는 형태 때문에 für에 격을 일치시켜야 하는 것이 아니고, was für는 하나의 독립된 의문사로 파악한다. 뒤에 나오는 명사의 격은 문장 내에서 결정된다.

	남성	여성	중성	복수
1격	was für ein	was für eine	was für ein	was für
2격	was für eines	was für einer	was für eines	was für
3격	was für einem	was für einer	was für einem	was für
4격	was für einen	was für eine	was für ein	was für

예 A: Was für ein Mann gefällt dir? 어떤 (성질의/스타일의) 남자가 너에게 마음에 드니?
B: Mir gefällt ein netter Mann am besten.
나에겐 친절한 남자가 가장 마음에 들어.

A: Was für eine Lehrerin ist sie? 그녀는 어떤 선생님이니?
B: Sie ist eine strenge aber trotzdem freundliche Lehrerin.
그녀는 엄격하지만 그럼에도 불구하고 친절한 선생님이야.

A: Was für ein Haus möchtest du haben? 어떤 집을 너는 가지고 싶니?
B: Ich möchte ein großes Haus mit einem großen Garten.
나는 커다란 정원이 딸린 큰 집을 가지고 싶어.

A: Was für Schuhe suchen Sie? 어떤 신발을 찾으시나요?
B: Ich suche schwarze Lederschuhe. 저는 검은 가죽신발을 찾고 있어요.
(복수의 경우 무관사)

2 부정대명사 ein_

부정대명사란 대화의 맥락 속에서 동일한 명사가 반복될 때, 명사를 생략하고 대명사로 치환하는 것이다. 영어의 one과 같은 품사이다. 하지만 이 부정대명사가 어떤 명사를 가리키는지에 따라 명사의 성과 격에 따라 형태가 다름을 주의해야 한다. 또한 이는 부정관사 (ein, eine..) 와는 다른 하나의 독립된 품사로서 뜻은 "(앞서 언급된 그것) 하나/몇 개"로 해석한다.

	남성	여성	중성	복수
1격	einer	eine	eines(eins)	welche
2격	eines	einer	eines	welcher
3격	einem	einer	einem	welchen
4격	einen	eine	eines(eins)	welche

* 중성의 1격 / 4격에서 eines대신에 eins로 줄여 쓰기도 한다.

예) Ich brauche einen Kugelschreiber. Hast du einen?
나는 볼펜 하나가 필요해. 너 하나를 가지고 있니?

Die weiße Bluse finde ich schön. Mein Rock passt gut zu einer.
그 흰 블라우스 예쁘다고 생각해. 내 치마가 그 하나(블라우스)에 잘 어울릴 거야.

Oh, so ein tolles Handy. Ich möchte auch eins.
오, 멋진 휴대폰이다. 나도 하나 가지고 싶어.

Du hast neue Schuhe! Ich habe auch welche.

너 새 신발을 가졌구나! 나도 몇 개 있어.
(신발은 기본적으로 복수로 표현하며, 여러 켤레가 아니라 "새 신발"을 가지고 있다는 뜻)

A : Ich brauche ein Hemd. 나 셔츠 하나가 필요해.
B : Was für eins? 어떤 종류의 (셔츠)?

셀 수 없는 명사(불가산 명사/추상명사/물질명사)들은 다음의 형태로 부정대명사를 만든다.

	남성	여성	중성	복수
1격	welcher	welche	welches	welche
2격	welches	welcher	welches	welcher
3격	welchem	welcher	welchem	welchen
4격	welchen	welche	welches	welche

예 A : Wir brauchen noch Käse. 우리는 또 치즈가 필요해.
B : Ich hole gleich welchen. 내가 금방 그거 가져 올게.
A : Und haben wir auch Wasser gekauft? 그리고 우리 물도 샀어?
B : Im Korb ist schon welches. 바구니에 벌써 그것이 있어.

풀어보기

❖ 빈칸에 알맞은 의문사/부정대명사를 넣어 문장을 완성하세요.

01
A: _____ wohnst du?
B: Ich wohne in Berlin, bei meinen Eltern.

➔ _____

02
A: _____ heißt das auf Deutsch?
B: Das ist „Brot" auf Deutsch.

➔ _____

03
A: _____ T-Shirt gehört ihr? Das blaue oder das rote?
B: Das Rote gehört ihr.

➔ _____

04

A: _____ viel kostet das hier?
B: Das kostet 20 Euro.

⮕ _____

05

A: _____ Uhr suchst du?
B: Ich suche eine runde Uhr.

⮕ _____

06

A: _____ isst du kein Fleisch?
B: Ich bin Veganer.

⮕ _____

풀어보기

07
A: Seit _____ bist du schon hier?
B: Seit 2 Stunden.

➡ _____

08
Ich trinke Kaffee. Willst du auch _____ ?

➡ _____

09
Oh, der Porsche! Ich bin auch mal mit _____ gefahren.

➡ _____

10

A: Ich möchte Schuhe kaufen.

B: _____, _____, _____ möchten Sie?

◉ ─────────

해설

01	Wo
02	Wie
03	Welches
04	Wie
05	Was für eine
06	Warum
07	wann
08	welchen
09	einem
10	Was für welche

21 관계대명사

기본학습

독일어의 관계대명사는 선행사의 영향을 받는다. 선행사의 성(남성/여성/중성/복수)과 관계절 내에서의 관계대명사의 격이 관계대명사를 규정하는 기준이다. 관계대명사는 한국어의 안긴 문장과 유사하게 하나의 개념을 부연 설명할 때 쓰는 품사이다.

	남성	여성	중성	복수
1격	der	die	das	die
2격	dessen	deren	dessen	deren
3격	dem	der	dem	denen
4격	den	die	das	die

* 관계대명사가 이끄는 관계절(문장)에서 동사는 항상 후치된다.
* 관계대명사가 이끄는 관계절(문장)은 수식하고자 하는 선행사 바로 뒤에 위치할 수도, 주절 뒤에 위치할 수도 있으며 반드시 쉼표(Komma)연결한다.
* 관계대명사가 전치사를 동반하는 경우, [전치사+관계대명사+주어+…+동사 후치] 순서로 구성된다.
* 선행사가 고유 지명일 때는 관계대명사가 wo로 통일된다.
* [장소 전치사+관계대명사]는 wo로 바꿔 쓸 수 있다. (ex: in dem → wo)
* [전치사+관계대명사]는 축약형으로 쓸 수 없다. (ex: in dem 을 im으로 바꿀 수 없다)
* 선행사가 etwas, nichts, das 형용사e, alles 일 때는 관계대명사는 was로 통일된다.

1 관계대명사가 1격일 때

예 Da steht ein Mann. 저기에 한 남자가 서 있다.
　　Der Mann hat einen Sohn. 그 남자는 한 아들을 가지고 있다.

→ Da steht ein Mann, der einen Sohn hat.
　　　　　　　　　　　　　　저기에 한 아들을 가지고 있는 한 남자가 서 있다.

- Ich kenne die Frau. 나는 그 여자를 안다.
  Sie heißt Dorothea. 그녀는 이름이 Dorothea이다.

  → Ich kenne die Frau, die Dorothea heißt.
  나는 이름이 Dorothea인 그 여자를 안다.

- Mein Onkel hat ein Pferd. 나의 삼촌은 말 하나를 가지고 있다.
  Das Pferd läuft sehr schnell. 그 말은 굉장히 빨리 달린다.

  → Mein Onkel hat ein Pferd, das sehr schnell läuft.
  나의 삼촌은 굉장히 빨리 달리는 말 하나를 가지고 있다.

- Hier sind die Schüler. 여기에 그 학생들이 있다.
  Die Schüler gehen auf das Gymnasium. 그 학생들은 그 고등학교에 간다.

  → Hier sind die Schüler, die auf das Gymnasium gehen.
  여기에 그 고등학교에 가는 그 학생들이 있다.

2 관계대명사가 2격일 때

- Er kennt einen Studenten. 그는 한 대학생을 안다.
  Sein Name ist Andreas. 그(대학생)의 이름은 Andreas이다.

  → Er kennt einen Studenten, dessen Name Andreas ist.
  그는 이름이 Andreas인 한 대학생을 안다.

- Ich meine die Frau da. 나는 저기에 있는 그 여자를 말한 것이다.
  Ihr Hund ist so süß. 그녀의 강아지는 매우 귀엽다.

  → Ich meine die Frau da, deren Hund so süß ist.
  나는 그녀의 강아지가 매우 귀여운 그 여자를 말한 것이다.

- Sie hat ein Handy gekauft. 그녀는 하나의 휴대폰을 샀다.
  Seine Marke ist weltbekannt. 그것의 브랜드는 세계적으로 유명하다.

  → Sie hat ein Handy gekauft, dessen Marke weltbekannt ist.
  그녀는 그것의 브랜드가 세계적으로 유명한 휴대폰을 샀다.

⓪ Ich warte auf die Herren. 나는 그 신사분들을 기다린다.
Ihre Enkelkinder spielen mit mir Fußball.
그분들의 손자들은 나와 축구를 한다.

→ Ich warte auf die Herren, deren Enkelkinder mit mir Fußball spielen. 나는 그분들의 손자들이 나와 축구를 하는 그 신사분들을 기다린다.

3 관계대명사가 3격일 때

⓪ Da ist der Mann. 저기에 그 남자가 있다.
Dem Mann gehört dieses Fahrrad. 그 남자에게 이 자전거가 속한다.

→ Da ist der Mann, dem dieses Fahrrad gehört.
이 자전거가 속하는 그 남자가 저기에 있다.

⓪ Ich frage eine Frau. 나는 한 여성에게 묻는다.
Mit der Frau spricht ein fremder Mann.
그 여성과 한 낯선 남자가 이야기하고 있다.

→ Ich frage eine Frau, mit der ein fremder Mann spricht.
나는 한 낯선 남자와 함께 이야기하고 있는 한 여성에게 묻는다.

⓪ Das ist unser neues Auto. 이것은 우리의 새 차이다.
Wir fahren in Urlaub mit dem Auto. 우리는 이 차로 휴가를 떠난다.

→ Das ist unser neues Auto, mit dem wir in Urlaub fahren.
이것은 우리가 휴가를 떠날 새 차이다.

⓪ Wann sind die Frauen gekommen? 그 여자들은 언제 왔습니까?
Er hat mit ihnen letztes Jahr eine Reise gemacht.
그가 그들과 작년에 여행을 했다.

→ Wann sind die Frauen, mit denen er letztes Jahr eine Reise gemacht hat, gekommen?

→ Wann sind die Frauen gekommen, mit denen er letztes Jahr eine Reise gemacht hat? 그가 작년에 함께 여행했던 그 여자들은 언제 왔습니까?

4 관계대명사가 4격일 때

예 Der Unterricht war echt langweilig. 그 수업은 정말로 지루했어.
Über den Unterricht habe ich dir gesagt. 그 수업에 대해 내가 너에게 말했어.

→ Der Unterricht, über den ich dir gesagt habe, war echt langweilig.
→ Der Unterricht war echt langweilig, über den ich dir gesagt habe.
내가 너에게 말했던 그 수업은 매우 지루했어.

예 Anna hat die Bluse gekauft. Anna는 그 블라우스를 샀다.
Die Bluse hat sie im Internet gefunden.
그 블라우스를 그녀는 인터넷에서 발견했다.

→ Anna hat die Bluse, die sie im Internet gefunden hat, gekauft.
→ Anna hat die Bluse gekauft, die sie im Internet gefunden hat.
Anna는 그녀가 인터넷에서 발견했던 그 블라우스를 샀다.

예 Wir wollen das Mädchen einladen. 우리는 그 소녀를 초대하고 싶다.
Unser Sohn hat sich in das Mädchen verliebt.
우리 아들이 그 소녀에게 사랑에 빠졌다.

→ Wir wollen das Mädchen, in das sich unser Sohn verliebt hat, einladen.
→ Wir wollen das Mädchen einladen, in das sich unser Sohn verliebt hat. 우리는 우리 아들이 사랑에 빠진 그 소녀를 초대하고 싶다.

예 Sie sind die Schauspieler. 그들은 배우들이다.
Wir haben sie gestern im Fernsehen gesehen.
우리가 어제 그들을 TV에서 봤다.

→ Sie sind die Schauspieler, die wir gestern im Fernsehen gesehen haben. 그들은 우리가 어제 TV에서 본 그 배우들이다.

풀어보기

❖ 빈칸에 알맞은 관계대명사를 넣어 문장을 완성하세요.

01
Wie heißt die Studentin, _____ neben dir wohnt?

➡ _____

02
Woher kommt der Student, _____ so gut Deutsch spricht?

➡ _____

03
Kennst du die jungen Leute, _____ dort drüben auf der Bank sitzen?

➡ _____

04

Die Regeln, _____ wir lernen sollen, stehen auf der Seite 24.

➲ _____

05

Wo ist die Frau, _____ diese Tasche gehört?

➲ _____

06

Mein Freund, _____ das deutsche Essen nicht schmeckt, kocht lieber italienisch.

➲ _____

풀어보기

07

Viele Besucher, _____ das Konzert nicht gefiel, sind in der Pause weggegangen.

➔ _____

08

Wer war der Mann, mit _____ du so lange gesprochen hast?

➔ _____

09

Freundschaft ist etwas, _____ für mich sehr wichtig ist.

➔ _____

10
> Das Geschenk,
> über _____ ich mich am meisten gefreut habe,
> war von dir.

◯ ―――――――

해설

01 die
02 der
03 die
04 die
05 der
06 dem
07 denen
08 dem
09 was
10 das